一流の達成力

原田メソッド「オープンウィンドウ64」

OPEN WINDOW 64

原田教育研究所
原田隆史
JAPANセルフマネジメント協会
柴山健太郎

フォレスト出版

はじめに　目標を達成できないのはなぜなのか？

おそらく、あなたはこれまで数多くの目標を立ててきたと思います。


その目標は達成できたでしょうか？

それとも達成できなかったでしょうか？

おそらくこの本を手にしたあなたは、

「今度こそ、目標を達成したい。なりたい自分になりたい。いい人生を送りたい」

そう願って、このページをめくったのではないでしょうか。


でもご安心ください。実は、ある1枚のシートに目標を書くだけで、これまで成し遂げられなかった目標が確実に達成できるようになるのです。

その不思議なシートの話をする前に、こんな話から始めてみましょう。

ある2人の親友がいました。

2人とも高校時代に知り合い、社会人になってからもたびたび会って交友を深めています。現在では2人ともパートナーに恵まれ、子どもも2人ずついます。仕事も順調で、1人はメーカーの営業マン、もう1人は経理マンとして上司・部下の間に挟まれながらも、なんとか仕事をこなす毎日。

そんな忙しい合い間をぬって、2人はある居酒屋で落ち合いました。久しぶりの親友との再会に、お互い近況を報告し合いました。


「最近はどう？　俺は仕事が忙しくて家では会話が少ないし、子どもと遊ぶ暇もないよ。土日は疲れて何もやる気が起きないし、唯一の楽しみはテレビでスポーツ観戦をするくらいかな。もう完全な親父《おやじ》だな」

「そうか。仕事がかなり忙しいんだな。俺もたしかに忙しくなったけど、なんとかやり繰りしているよ。でも、最近はだいぶ慣れたかな。ありがたいことに妻も何かとサポートしてくれるし、土日は子どもとよく遊びに出掛けるようになった。しかも、体は疲れることも少なくなった。これでも俺、毎朝ランニングしてるんだよ。もしかしてそのおかげかな」

「すごいな。昔はおまえ、ランニングなんてするもんじゃないとか言ってなかったか？」

「実は毎年、ランニングしようと計画を立ててたんだけど、いつも続かなくてさ。だからそんなふうに言っていたような気がする。だいたいいつも計画倒れだったけど、最近はランニングだけじゃなく、決めたことが続けられるようになった気がするよ」

「なんかおまえ、変わったな。そういえば昔より顔が引き締まったというか、さっぱりしたというか……」

「そうかな。実は俺、仕事もいろいろと任されてちょっと昇進して自由にやらせてもらえるようになったんだ。今年はまとまった休みも取れて、家族で海外旅行にも行くことができるようになったし。来年はフルマラソンにも挑戦しようと思っているんだ」

「昇進!?　海外旅行!?　フルマラソン!?……おまえ、いつからそんなになってたんだ？さてはおまえ、何か始めただろ？」

「始めたといえば始めたのかな。実は毎年計画していることをこんなふうにしてみたら、意外に自分に合ってたみたいで、前よりも動けるようになったんだよね……」

そうして見せてくれたのが、１枚のシートでした。

そこには田んぼのようにきれいに区画されたマス目があり、何やら文字がたくさん書かれていました。


「おまえだから見せるけどさ、こいつに目標を書いただけで自然と、これもしよう、あれもしようと、不思議といろいろ動けるようになったんだよね。その結果、仕事も家庭も自分自身もうまく回り出して、これまであまり声を大にして言えなかったフルマラソン出場も見えてきたっていう感じかな」

「なんかすごいな、これ。書くのがかなり大変そうだけど……。しかも、これをいつも持ち歩いているのか？」

「これを毎日眺《なが》めていると、自然とやるべきことが見えてくるんだよ。この中心に夢や大きな目標を書いてね。その周りには……」


いったい、そのシートにはどんな秘密があるのでしょうか？

仕事もうまくいき、家族にも支えられ、自分自身の夢や目標も達成しているという、まさに理想の姿です。しかも、人生を楽しそうに生きています。

しかし、こんな人は世の中には少数派です。話を聞いていたほうの1人が世の中では多数派ではないでしょうか。それこそ簡単に達成できないからこそ目標です。

そして、目標を掲げても達成できないのには理由があります。

「そもそもそれは、本当に自分が成し遂げたいことなんだろうか？」
「会社の売上を上げて給料を増やすことは、本当に求めているものなんだろうか？」
「家族の幸せというのは、そもそも目標なんだろうか？」
「自分のなりたい姿とは、本当に自分がイメージしている通りなんだろうか？」

そうです。あなたが掲げた目標の多くが、実は本当に達成したいことなのか曖昧《あいまい》なのです。しかも、目標を達成するためには行動しなければ何も始まりません。

そして、目標を立てた初めのうちは、そこに向かって行動するものの続けることがなかなかできません。そして、いつしか立てた目標自体も頭の片すみに追いやられてしまうのです。

なぜ多くの人が目標を達成できないのでしょうか？

それには次の3つの要因があります。

1つ目は立てた目標はあるものの、**達成するにはどう行動すればいいのかが明確ではないこと**、2つ目は**目標を達成するのに適したツールがないこと**、そして、3つ目は**目標が偏《かたよ》ってしまっている**ためです。

しかし、あなたはおそらく、3つ目の〝目標が偏っている〟というのは、あまり聞いたことがないのではないでしょうか？

目標というと、だいたい次のようなものが考えられます。

ある人は「売上5000万円達成！」と掲げます。しかし一方では、「社会貢献をする！」という目標を持つ人もいます。

では、どちらの目標が正しいのでしょうか。

実はどちらも正しいのです。しかも、その目標の両方があってもいいのです。

つまり、達成力とはけっして1つの目標を立てるのではなく、いくつもの目的や目標のうえに生まれた目標設定をしなければ養われないのです。このことは本編で詳しく解説していきますが、そのことを証明してくれる人がいます。

まさに「一流の達成力」の持ち主で、いまや日本のプロ野球界の至宝《しほう》といってもいい存在かもしれません。

その人こそ、**北海道日本ハムファイターズの大谷翔平選手**です。

大谷選手は、高校1年生のとき、あるシートで目標を立てていました。

そのシートがこれです（9ページ参照）。

このシートは私が毎年出版している「夢を絶対に実現させる手帳」（株式会社原田教育研究所出版）の中にあるシートです。テレビで紹介され、書籍『101年目の高校野球「いまどき世代」の力を引き出す監督たち』（インプレス）という本でも紹介されています。そこで、大谷選手がどのように目標を立てて日々取り組んでいたのかということが、世に知られるようになりました。

しかし、おそらく初めてこのシートを見た人は、いったいどんな目標の立て方なんだと不思議に感じたかもしれません。また逆に、こんなすごい目標を高校1年生のときから立てていたなんて驚いたという人もいるかもしれません。

まずは、なんの先入観もなしに、このシートを眺めてみてください。

これは「オープンウィンドウ64（OW64）」というもので、大谷選手は高校野球部時代にこのシートを使い、未来を描いていました。

このシートは国内外のトップ経営者やビジネスパーソン、プロのスポーツ選手やメダリスト、テレビで活躍する芸能人や芸術家が昨今使用し、大きな成果を上げています。

ここで少しだけ説明しますが、大谷選手は高校時代に「8球団からドラフト1位指名」（シートの中心）という明確な目標を掲げ、そのために必要な要素をすべてこのシート1枚に落とし込みました。

そして、彼が素晴らしいのは、それを毎日欠かさず実践（行動）してきたことです。ですから公言通り、プロ野球選手になる目標を達成できたのです。

大谷選手が高校１年生のときに書いた目標

体のケア	サプリメントをのむ	FSQ 90kg	インステップ改善	体幹強化	軸をぶらさない	角度をつける	上からボールをたたく	リストの強化
柔軟性	**体づくり**	RSQ 130kg	リリースポイントの安定	**コントロール**	不安をなくす	力まない	**キレ**	下半身主導
スタミナ	可動域	食事 夜７杯 朝３杯	下肢の強化	体を開かない	メンタルコントロールをする	ボールを前でリリース	回転数アップ	可動域
はっきりとした目標、目的をもつ	一喜一憂しない	頭は冷静に心は熱く	**体づくり**	**コントロール**	**キレ**	軸でまわる	下肢の強化	体重増加
ピンチに強い	**メンタル**	雰囲気に流されない	**メンタル**	**ドラ１ ８球団**	**スピード 160km/h**	体幹強化	**スピード 160km/h**	肩周りの強化
波をつくらない	勝利への執念	仲間を思いやる心	**人間性**	**運**	**変化球**	可動域	ライナーキャッチボール	ピッチングを増やす
感性	愛される人間	計画性	あいさつ	ゴミ拾い	部屋そうじ	カウントボールを増やす	フォーク完成	スライダーのキレ
思いやり	**人間性**	感謝	道具を大切に使う	**運**	審判さんへの態度	遅く落差のあるカーブ	**変化球**	左打者への決め球
礼儀	信頼される人間	継続力	プラス思考	応援される人間になる	本を読む	ストレートと同じフォームで投げる	ストライクからボールに投げるコントロール	奥行きをイメージ

また、彼の非凡なところは、このシートを見てもおわかりの通り、「人間性」や「運」を高めようと努力したことでした。この部分を見ただけでも、彼がプロ野球界に入ってからもあれだけの活躍ができることが納得いただけるのではないでしょうか。

彼のようにＯＷ64を使うと、自分も夢や目標が達成できるのかという声を数多くの購入者や読者からいただきました。

私たちはここで、あなたに断言します。

ＯＷ64を使えば、確実に達成力が高まります。

現状よりも高い目標を得ることができます。

私、原田隆史が長年かけて開発したこのシートは、企業、教育、スポーツ、芸術などのあらゆる分野で成果を出し続けています。

そして、これからも多くの方、とくに子どもたちに夢や目標を達成してほしいという強い思いで、ＯＷ64の開発者の原田と、そのＯＷ64を実践の場で指導している柴山が、今回書籍としてＯＷ64の秘密を開陳しようと思いました。

この本では、目標の新しい考え方からＯＷ64の書き方まで、あなたの目標達成に必要な要素を、あますことなくお伝えしていきます。


第1章では、なぜ目標が達成できないのか、あなたに潜《ひそ》む心の中を解明し、自信を取り戻すためのヒントを解説していきます。

第2章では、先ほども簡単に触れた、目的・目標は1つではないという、新しい目標の考え方を知っていただきます。

第3章では、いよいよ「オープンウィンドウ64」の書き方と使い方について学んでいきます。

第4章では、実際に成果を上げたシートを紹介し、あなたの目標設定のためのさらなるヒントを得ていただきます。

そして、第5章では、そうして立てた目標をいかに習慣化させるかという、あなたの達成力を養う方法をお伝えします。

人生とは挑戦の連続です。

時には目の前に立ちはだかる大きな壁を乗り越えなければならないときがあり、そのプレッシャーに押しつぶされそうになったことがあるでしょう。
また、時にはその壁を乗り越え、眼前に開けた大海原《おおうなばら》に歓喜の雄《お》たけびを上げたこともあるでしょう。

言い換えれば、人生とは失敗と成功の繰り返しです。

しかし、困難を乗り越え、それを達成したとき、あなたの人生のステージは確実に上がっていきます。
この本は、あなたのステージが変わる第一歩です。

さあ、それではページをめくって、その第一歩を踏み出していきましょう。

一流の達成力●目次

第1章 達成力を高めるために必要な「自信」

第2章
達成力を高めるための「目標の考え方」

第3章

オープンウィンドウ64の「書き方&使い方」

第4章 ［事例］達成力を高めてくれる「知恵」

第5章 達成力を高めるための「習慣」

第1章
達成力を高めるために必要な「自信」

砲丸投げで全国一になった、ある生徒の話

ある年、私、原田は砲丸投げで全国トップレベルの素質を持った男子生徒と出会いました。そこで、彼と二人三脚で全国一を目指して練習に取り組み始めました。生徒も私の指導に素直についてきてくれて、いざ大会に臨んだのです。

しかし、結果は2位。

私はなぜ彼が1位になれなかったのかを分析し、これまでの練習方法を改善し、練習量を増やし、ふたたび日本一を目指して新しい練習を始めました。しかし、新しい練習法や練習量を増やしたことによるオーバーペースで、だんだんと彼は疲弊《ひへい》し、私との関係もぎくしゃくするものになっていきました。

そのうち、彼はスランプに陥り、練習を避けるようになり、私はそれを見ては叱《しか》りつけ、互いにイライラと苦悩の日々が続くことになったのです。

そこで私は、彼と腹を割って話をしました。

リラックスさせるために食事をしながら、叱責《しっせき》するでもなく、彼の話に耳を傾けることにしたのです。すると彼は、こんなことを言い出しました。

「先生、僕は日本一になって、学費免除でスポーツ推薦で高校に行きたいんです。少しでも母の負担を減らして、親孝行がしたいんです」

彼は泣いていました。実はその生徒は母子家庭でした。母親は息子のために体を壊すのではないかと思うくらい一生懸命働き、愛情を彼にいっぱい注いでいたのです。

私は彼のそんな健気《けなげ》な言葉に心を打たれ、それまでの練習をやめて原点に立ち返ることにしました。

「よし、もう1回初心にかえって始めよう。目標は日本一。でもおまえにはもっと大きな目的がある。それを目指して頑張ろう。『目的は親孝行。目標は日本一と学費免除で高校進学』」

そして、ほかの生徒にもこうした目的・目標を紙に書いてもらい共有しました。

生徒を信頼し、生徒の自主性に任せてみたのです。その日から彼との関係が一気によくなり、彼はポジティブに物事をとらえ、一生懸命に練習するようになりました。

記録はみるみる向上し、その成果を母親、私、生徒、部員全員で喜びました。すると不思議なことに、彼は放っておいてもどんどん練習し出たのです。

そして、次の大会で彼は見事、予告宣言優勝で日本一に輝き、高校も、学費を免除していただき進学していったのです。

こんにちは、あらためましてOW64の開発者・原田隆史です。

私は「未来を切り拓く、自立型人間と組織を育成し、社会と世界の幸せに貢献する」という理念を掲げて、「家庭教育、学校教育、社会人教育、スポーツ・芸術教育」の分野において、自立した人・組織の育成に14年間取り組んでいます。

それまでは、砲丸投げで日本一になった生徒の話にもあったように、大阪市内の公立中学校で20年間教鞭《きょうべん》をとり、保健体育指導、生徒指導を受け持ち、陸上競技部の顧問をしていました。生徒指導という立場で、私独自の育成手法で生徒たちと、試行錯誤を繰り返しながら彼らの夢とともに歩んできました。

そして、教師生活3校目の陸上競技部では、7年間で13回の日本一を達成しました。教員として、陸上競技部の顧問と生徒指導という立場から、どうしたら生徒がいい成績を収め、自立することができるかを考えることが私の仕事でしたから、毎日がそれとの闘いといっても過言ではありませんでした。

さて、この日本一となった生徒との出来事から、私は目標を達成することの意味についてあらためて考えさせられました。それは現状を把握、反省し、反省したことをもとに行動を変えるだけでは、けっして結果は得られないということです。

この生徒との関係でいえば、**「彼との関係の質を高める⇩ポジティブに物事をとらえるようになる⇩全力で練習に取り組む⇩日本一という結果を得る」**という循環が大事だったのです。

勉強も同じで、「子どもが自らペンを手に取らないかぎり勉強しない」ものです。何度「勉強しろ」と言っても、自ら進んで学習しようという意欲と習慣がなければ、本当の知識は得られません。

本当に行動が変わるためには、まず先生と生徒の信頼関係、親と子の信頼関係、上司と部下の信頼関係があってこそです。私はどんなことであれ、こうした個人の「自立」を育む関係が、目標に向かって進むときに不可欠なものであると実感したのです。

そしてもう1つ、重要なことがあります。

このことについてはあとで詳しく述べますが、目標を「日本一になる」ということから、**「親孝行をするために日本一になる」**という目的に変えたことです。人が本当に力を発揮するのは、家族のためであったり、誰かのためであったり、社会のためであったり、もっと大きなところでは国であったり、世界であったりします。

つまり、自分を応援してくれる人を喜ばせるために、人は最高の結果を出せるのです。

実は、「原田メソッド」の大きな根幹は、自立した人間になること、得たい結果を鮮明に描きイメージすること、そして誰かや社会のために頑張れるというような人間力を磨くことを目指した目標達成法なのです。

これはもちろん、スポーツの分野に限らず、ビジネス、芸術、勉強や人生すべてに大きな成果を得ることができます。

現在では、国内外の企業350社、7万人以上の人が「原田メソッド」や「オープンウィンドウ64（OW64）」を学んでいます。そして、ビジネス、教育、スポーツ、芸術など多くの分野において、高い目標をクリアする人たちがたくさん出ています。

私は、このメソッドが誰にでもできて、しかもイメージした目標や目的に向かって到達できるための最適な方法であると確信したのです。

夢や目標を持たなければならない時代の変化

あなたも日々、目標を持って人生を歩んでいると思います。しかし、なかなか達成できない、ましてや大きな目標となると、そこからどんどん遠ざかってしまうということがあるのではないでしょうか。

実は、それは当たり前のことなのです。なぜならば、夢を描いたり、目標を設定したりという勉強や訓練をしてこなかったからです。

というより、これまでは、そんな訓練をしなくてもいい時代だったからと言い換えたほうがいいかもしれません。

これは時代の変化や人口動態の変化からも検証することができます。

私が生きてきた時代はものづくりの時代でした。戦後の人口増に加え、必要なのは知識や情報を得ることであり、学校での学びは暗記が中心でした。また、マネジメントは管理型のマネジメントでした。これは過去の経験や体験をもとに、いいものを生み出そうということで、年齢とともに給料も増えましたから、別に自分で夢を描かなくても真面目《まじめ》にやっていたら生きていけた時代でした。

夢を描くとか5年後の自分を考えるとか、そういうことをしなくてもいい時代だったわけです。しかも、教育の中でもそういうことを教えてこなかったわけです。

しかし、インターネットの登場とともに情報社会に突入すると生活と教育はガラリと変わります。しかも人口も減少し続けて、お客さんが増える時代のビジネスから減っていく時代のビジネスという、ビジネスそのもののあり方も180度違うものに変わってしまいました。それまではものづくりをひたすら一生懸命やればよかったのに、自分で未来の夢や目標を描いたり、ソリューションやイノベーションに励み、答えがないものを生み出していかなければならなくなったのです。

30代から人口減少で、世代間のギャップが生まれている

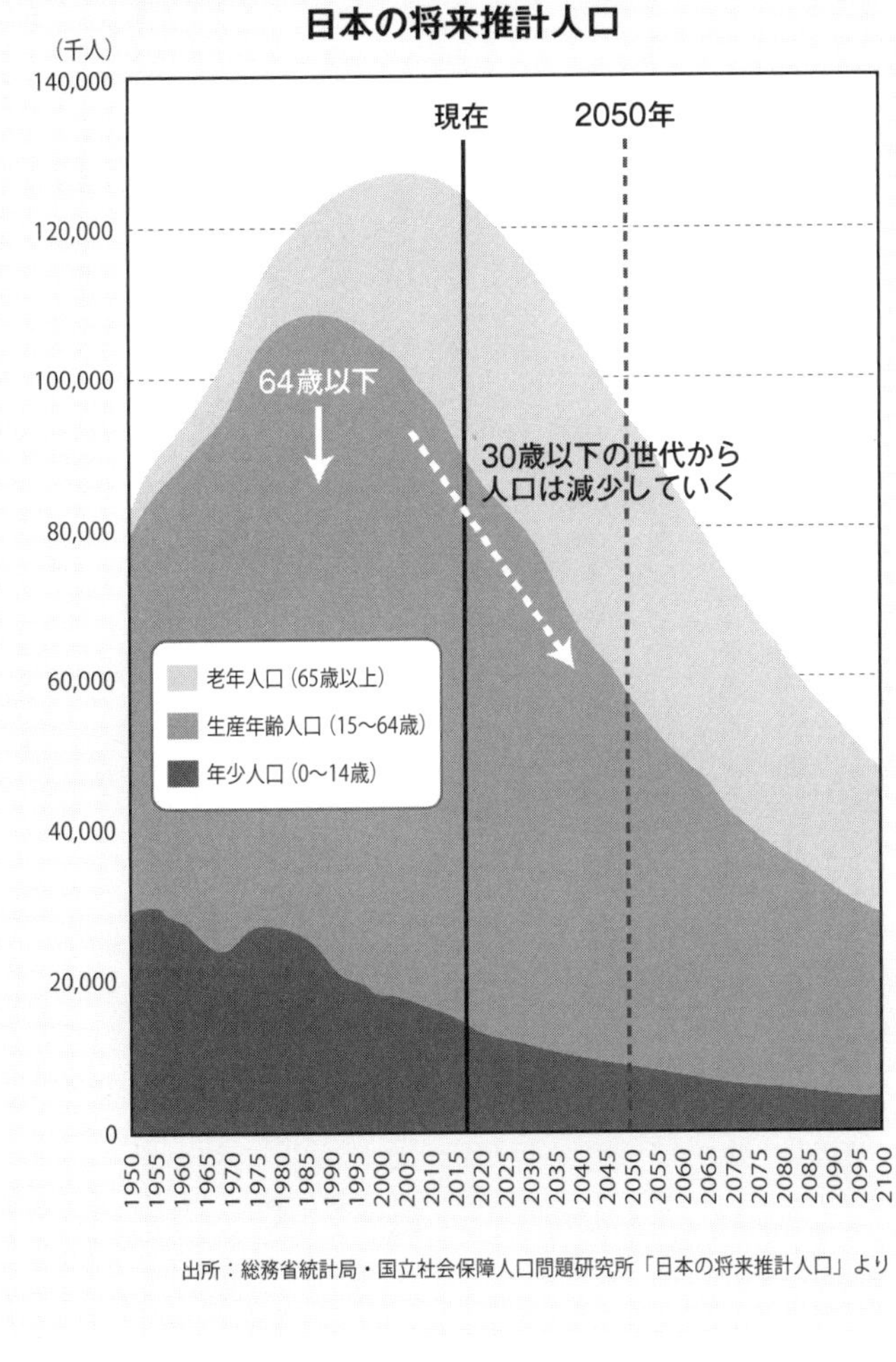

出所：総務省統計局・国立社会保障人口問題研究所「日本の将来推計人口」より

実はここに**大きな世代ギャップ**が生じました。

青年期から、すでにインターネット社会にいる30代以下の世代と、それ以上の40代の世代では、頭の中が大きく違っているのです。ものづくりでよかった世代は過去思考インプット型、情報化社会の中で育った世代は未来思考アウトプット型となり、いま、この世代間の溝《みぞ》が埋められないという過渡期にあります。

すでに教育の世界では、集めた情報を編集しアウトプットする力や、未来を描いて自分をどう変えるか、どういった形に成長させていくかという、未来思考アウトプット型の教育に変わろうとしています。

しかし、こうした教育が始まったのがまだ浅いので、みんなそれに慣れていません。時代とともにみんなが未来だとか夢だとかを語り出して、「5年後はどうなっている」「10年後はどうなっている」というキャリアデザインが、職場や学校、家庭で普通に言われる時代に突入していることに気づいていないのです。

人間の進化が生み出した「心の問題」という新しいテーマ

過去思考インプット型と未来思考アウトプット型。世代は2つに分かれましたが、とくに未来思考アウトプット型の時代をはっきりさせたのが、あの東日本大震災でした。あの日、津波という自然の猛威に、それまで人間が築き上げてきたものは一瞬のうちになくなってしまいました。

それをとくに象徴したのが、岩手県宮古《みやこ》市田老《たろう》地区にあった海面高10メートル・地上高7・7メートル・基底部の最大幅25メートル、世界最強といわれた防潮堤があっけなく決壊してしまったことでしょう。おそらく、人間の力では及ばないものがあるということを多くの人が感じたのではないでしょうか。

それと同時に、一瞬にして亡くなられた方々から、あらためて命の大切さを多くの人が感じたはずです。

それゆえに、助かった人たちが「ものよりも心」の大切さを感じ、これからどう復興しようというときに、家族や友達とのつながりを大切にし、全国からも多くの人たちがボランティアとして駆けつけたのです。こうした「心の問題」を先に解決していかなければ、復興は先に進めないでしょう。

同じように、日本の国民もまた、**「人とのつながりや心の問題」へとシフトチェンジしていった**のです。

私は、こうした現象を人間自身の生物的な進化の始まりではないかと感じています。いま、人間の脳や心が変化の時代を迎えていて、情動や感情、気持ちというものに対してものすごく敏感になってきています。

これは脳科学とかＡＩの功績とは少し違うのではないかと思っているのです。そうした進化ではなく、人間の情動、感情、気持ちなどによって人がつながっていくという人間そのものの進化ではないかと思うのです。

組織マネジメントで、いま流行《はや》りの組織開発というのも、互いが話していることや行動していることは、実は目に見える氷山の一角にすぎず、その氷山の下にあるプロセス（組織に属する人たちの普段の人間関係から生まれる思考や感情）に目を向けることで、人間関係がよくなり、組織が改善されることがわかっています。

これまでの組織は、人の感情がふさぎ込まれ、力で押さえるようなこともしていました。それがいまでは、見えない部分を見直すということが組織開発の最先端のマネジメント手法であると変わってきているのです。

これまでの日本のビジネス、とくに40代以上の人は、人の気持ちなどどうでもいい、「男は黙って仕事に打ち込め」と、職場で私情を持ち込むな、泣き言を言うな、家族のことより仕事が優先と教育されてきました。

でもいまは、それではダメだということが明らかです。

その理由がインターネットの情報化社会です。この世界は人々や情報が瞬時につながります。そこに生まれる感情の交流も世界中で共有することができます。それがわからず体感できない世代には、いい悪いは別にしてガラッと表裏が変わったくらいの大変化の中にいるということに気づいていないのです。

それゆえに、夢や目標そのものが大きく変化してきていることにも気づいていません。

実はこうした変化が、人々が描く目標像に大きな差と誤解を生んでいます。

しかし、時代が変わっても人々の叶えたいこと、達成したいことは同じなのです。

それは私が唱えている「未来の目的・目標の4観点」という側面から説明できます。

これについては次章で詳しく説明します。

その前に、あなたが目標を達成できない理由について、もう少し深く掘り下げてみたいと思います。

なぜ多くの人が自信を失ってしまったのか?

こんにちは、OW64を指導している柴山健太郎です。

私は、原田の教育に出会い、その教育を教育現場や家庭に広めるという理念のもと、原田と一般社団法人JAPANセルフマネジメント協会を設立し、日々その普及活動を行っています。

指導現場、とくに子どもたちへの教育指導をしているときに、多くの人が夢や目標に向かっていこうと思っていても、自分自身にブレーキをかけてしまいます。そこには、いわゆるドリームキラーというものが存在しています。

その最たるものは環境です。言い換えれば、親の影響と言っていいかもしれません。あなたのご両親は、戦前からの国のための教育や管理教育の影響を受けてきたおじいちゃんおばあちゃんの中で育ってきました。それは自然と変化やイノベーションに対してブレーキがかかる社会や世の中の仕組みでした。また、学生運動のようなアナーキーなことがあったため、若者や大学生の自立に危惧《きぐ》を感じてきた社会でもありました。その中から生まれたのが偏差値教育です。

偏差値教育では、「僕は偏差値50だから50の学校や組織に進み、そのレベルで過ごせばいい」となるため、多くの人がそうした発想の中で、自立心というものがなくなってしまったのです。

いまでも中学・高校受験では偏差値による進路指導が色濃く残っていて、日本の子どもたちにさまざまな影響を及ぼしています。

高校生に「自分は価値がある人間ですか？」というアンケートで、日本人は40％弱しか○をつけません。しかし、アメリカ人や中国人、韓国人は、80％以上が「価値がある」に○をつけます。

その背景はやはり教育で、偏差値による進路指導では、英語80点、数学80点、しかし国語が30点では平均点が下がってしまいます。すると、30点の国語に目が行き、「苦手科目を伸ばせ」「平均点数をアップしろ」と、できていないところに力を注ぐのです。

多くの若者が、そのような教育を受けてきました。すると、自信が育ちにくくなるのは当然なのです。

それを教育の専門家や脳科学者、心の専門家と言われる人たちが、これからの未来をよりよく生きるために、夢や目標をどう描き、どのように達成していけばいいのかを唱え、同時に自信というものを高めるための教育や手法を展開しようとしている、というのがいまの現状です。

とにかく、多くの人は、自信（自己肯定感や自己効力感）が下がっています。

まずは、夢や目標を掲げる前に、**私たちには心のケアが必要**です。もっと自分自身を愛したり、認めたり、許してあげることから始めなければならないと思っています。

とくに、管理教育で育った世代は、いままで育ってきた自分のセイフティゾーンを抜け出すことを良しとし、善とすること。ゆとり教育と呼ばれる世代には、人間はこれからの未来に対して進化しているんだという希望や自信を持って、自分を認め、自分自身を大切にすることから始めてほしいと思います。

自信を上げることとは、夢や目標を達成するためになくてはならない要素なのです。

あなたの自信を少しずつ高めるための練習

よく巷《ちまた》の本などを見かけると、先ほど述べたような「自己肯定感を上げなさい」と、ただ言うだけで、その対処法は書かれていません。

「夢が見つからない」と言う人がいますが、そもそも自分に自信がないという人が多く陥る現象で、そういった人が、自己肯定感を上げなさいと言われても、そう簡単に気持ちをポジティブに切り換えられないのは当然です。

では、どうしたら自己効力感（能力に対する自信）や自己肯定感（自分を好きである）を上げることができるのでしょうか。

そのためには、**日誌を書くこと**をお勧めします。

「原田メソッド」では、書いた目標に対して毎日振り返る「ルーティンチェック表」と「日誌」というものがあるのですが、その中の日誌を毎日書き続けるだけで、あなたの自信を少しずつ高めることができます。

日誌をつけることは、自分自身の内省・振り返りにつながります。日誌をつけて内省・振り返りをしていると、今日1日で良かったことや悪かったことが出てきて、それらを分析する能力が高まります。

毎日の良かったことを文字に書き貯《た》めていくと、感情と記憶によってそれらが徐々に貯まっていき、自己効力感、エフィカシーが高まっていくのです。

もう1つは、日誌を書いていくと1日の心地よい体験、他者から「ありがとう」と言われた体験ややり取りが記憶され、自己肯定感（＝セルフ・エスティーム）が高まっていきます。また、明日の予定や重要な活動を時間とともに記載したり、そのときに得たい感情を書いておくと、寝ている間に脳が棚卸しをし、整理してくれます。そして、日誌に書かれた内容が、翌日にいい結果につながるのです。

こうして客観的に自分自身を見直せるようになり、それが自然に自信へとつながっていきます。

内省や振り返りはとても大事で、実は昔の人たちは日誌でなくても普通にそれを行っていました。

たとえば、昔の日本の女性はとても冷静で落ち着いていて、情報分析力が高かったのですが、それは家計簿を書いていたことも1つの理由です。

心理学で交流分析というものがありますが、人間には子どもの自我であるチルドレン、理性である大人の自我であるアダルトというものが存在しています。

だから子どもは感情のまま、所かまわず笑ったり泣いたりします。大人はそこに理性が働いて冷静になりブレーキをかけて抑えることができます。

アダルト部分が強く育っていると、人とのコミュニケーションも冷静に対処できたり、駆け引きできたりするのですが、現代人はこのアダルトの部分が弱まっているといわれているのです。大人になっても所かまわずわめきちらし、腹が立ったらかまわずクレームをぶちまける、モンスターペアレントの出現もこのためです。

しかし、こうしたアダルトの部分を自ら養っていたのが昔の女性の特徴で、そうした冷静さは家計簿をつけて1日の振り返りをすることによって、自然と身についていたのです。こうした帳簿をつけて活動や数字的な分析をしっかりすることが、毎日の内省・振り返りの仕組みとしてできていたのです。

ビジネスでいえば、たとえば銀行業務の方がクレーム対応などに長《た》けていたのは、特別にトレーニングをしていたわけではなく、毎日つける帳簿により、お金を締めたり、1日の仕事の振り返りの中で、自然と内省をしていたからでしょう。

開発者である原田の子どもの頃には学校で日誌をつけることが日課で、忘れると先生によく叱られていました。また、家では小遣い帳をつけさせられていましたが、いま考えると、あれは内省することにより、自然と冷静さや自信が身につく素晴らしい知恵だったのだと理解できます。

こうした実生活の知恵からも自信を高められますが、内省や振り返りを続けておいたほうがいい例を就職活動で見てみましょう。

どの人に聞いても、二度と新卒の就職活動だけはしたくないと言いますが、就職活動で何がつらいのかというと、初めて自分自身と向き合うからです。

言い換えれば、初めて内省することがつらいわけです。なぜなら、18～22歳くらいで初めて自分の人生を振り返って棚卸しして、キャリアシートに書くわけですから、それは大変です。何十社も断られることもとてもつらいでしょうが、それよりも断られるたびに自分自身が何者なのか、これまでの人生の何を信じていいのかさえわからなくなってしまうことのほうがつらいのです。

ですから、毎日日誌を書きましょう。日誌を書いて自分自身をその日１日の中で振り返り、客観的に見る訓練をしていれば、自信が高まったり、同じミスをしなくなります。その日の良かったことや悪かったことが感情とともに記憶としてインプットされていきます。それは裏を返せば、自分自身をよく知っているということで、動じることのない自信が備わってくるのです。

それでは次章より、実際に夢や目標の立て方に進んでいきましょう。

第2章

達成力を高めるための「目標の考え方」

「なでしこジャパン」が世界一になった本当の理由

あなたは目標を立てるとき、頭の中に何を思い浮かべるでしょうか。自分が成功しているときの姿でしょうか。それとも自分の周りにいる人たちの幸せでしょうか。

実は目標には、自分と他者、この2つの要素が必要です。その説明の前に、あの「なでしこジャパン」が世界一になったときのことを思い出してみてください。

2011年FIFA女子ワールドカップ決勝。相手は世界ランキング1位のアメリカで、これまで5回の女子ワールドカップのうち1位2回、3位3回という強豪チーム。それまで日本はアメリカに勝利したことは一度もありませんでした。しかも戦績は0勝21敗3分。決勝戦まで駒を進め、アメリカに勝つということ自体が奇跡とも言える状況でした。

試合は1対1の同点で延長戦へ。しかし、延長前半アメリカのエースストライカー、ワンバックにゴールを決められてしまい、誰もが敗戦を認めた瞬間でした。

しかし、ご存じの通り延長後半、日本の澤選手が芸術的なシュートで同点に追いつき、あの緊張のＰＫ戦を３対１で下し、見事世界一の栄冠を手にしたのです。

この大会で、「なでしこジャパン」の目標は、ワールドカップ優勝でした。つまり、彼女たちは目標を達成したのです。

私は、女子サッカーが強くなっていたことは知っていましたが、その強さだけで優勝できたとは思っていませんでした。しかし、彼女たちが掲げた目標を知ったとき、「なでしこジャパン」は優勝すると確信したのです。

そこには2つの目標がありました。１つは「ワールドカップで優勝する」ということ。そしてもう1つは、「東日本大震災の被災者の方、そして日本全体に元気・勇気を与える」というものでした。

私はこの後者の想《おも》いを知ったとき、必ずや目標を達成してくれると思ったのです。

なぜでしょうか。

実は夢や目標の達成に必要な要素とは、**「自分自身に対する目に見える夢や目標」**と**「他者や社会に対する目に見えない夢や目標」**があり、この2つがあって初めて相乗効果を生み出すからです。これを「私・有形」「社会、他者・無形」の目標と呼んでいます。

有形なものと無形なものを簡単に解説すると、次のような分け方ができます。

【有形】……成績、順位、表彰、地位、役割、お金、物、人材、情報、時間など

【無形】……感情、誇り、気持ち、意欲、態度、姿勢、性格、理想像、資質など

また、社会、他者とは次のような人たちです。

【社会、他者】……親、親戚《しんせき》、兄弟姉妹、職場仲間、パートナー（配偶者）、子ども、友人、地域社会、国など

なでしこJAPANの目的・目標

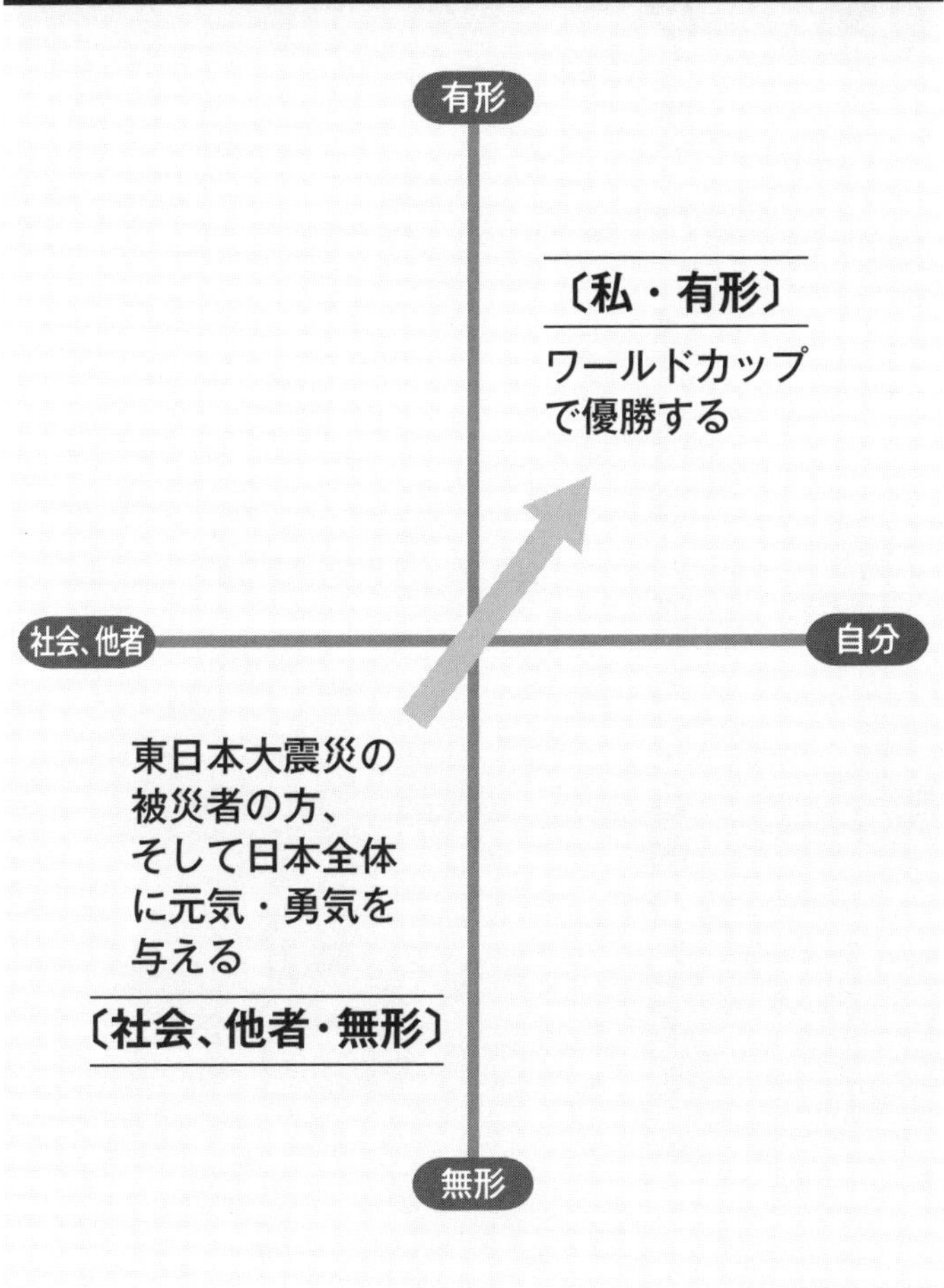

第1章で、砲丸投げで日本一になった中学生の話をしました。あのとき、「目的は親孝行。目標は日本一と学費免除で高校進学」と言ったのを覚えているでしょうか。これは目標を2つ立てたのです。

1つは「砲丸投げ日本一で、学費免除で高校進学」という「自分自身に対する目に見える夢や目標」＝「私・有形」の目標、もう1つは「親孝行」という「他者に対する目に見えない夢や目標」＝「社会、他者・無形」という目標。

つまり、人が最大のパフォーマンスを発揮するときというのは、この2つの目標が必要不可欠なのです。

世代でまったく違う目標の考え方も根っこは同じ

東日本大震災以降、明らかに「心の問題」がクローズアップされたという話をしました。実はこの「心の問題」を目標に変えたのが「他者に対する目に見えない夢や目標」＝「社会、他者・無形」という部分です。

震災後、社会性が重要視され、多くの人がボランティアに参加しました。この社会性というのは「人助けしたい」という無形の部分で、人間本来の価値観を感じるようなマインド、つまり、「心の問題」を解決するための行動になっています。

これは自分ごとの目標を主に掲げてきた過去の夢や目標の設定よりも非常に健全で、目に見えるものから目に見えない感情や心、人間の進化だと思うのです。とくに震災以降、若い人たちにこうした感情が強く生まれていることは素晴らしいことです。

しかし、「社会、他者・無形」の目標だけを掲げただけでは達成できません。

逆をいえば、「私・有形」の目標だけでもうまくいきません。

ここに私が最近経験した出来事があります。

渡邉美樹氏が主宰を務める「みんなの夢AWARD」というイベントがありました。全国40社以上の企業が支援して個人の夢を叶えるというものです。

講演が終わり、パネルディスカッションとなったときです。

渡邉さんが「いまの若者には夢がない」という話をしました。いまの若者は夢がないのにＮＰＯだ、社会貢献だと人のためになりたいと言うけれども、それは甘い。経営の感覚もなくてお金儲《もう》けもできないのだから、まず自分のことをやらないといけないというようなことを言われたのです。

すると、50代以上の参加者はうなずいていましたが、若者のほうは少しムッとした表情で首をかしげていました。

実はここに世代の乖離《かいり》があります。

私も渡邉さんも50代以上ですが、この世代の目標といえば、「売上５０００万円！」だとか「３年後に上場する」だとか、いわゆる「私・有形」の目標が夢そのものでした。一方、いまの若者世代は「人のためになりたい」だとか「社会を幸せにしたい」だとか、「社会、他者・無形」の目標を掲げています。

おそらく、目標は１つという概念で目標を考えるため、いずれの世代も２つの方向から目標を持っていいということに気づいていないのです。

そこで必ず反発が起こります。

50代以上の世代は若者に対して、理想論を掲げる前にまずは稼いでからものを言えとなりますし、若者からすれば、いつも売上ばかり追い求めて幸せが何かわかっていないというふうになるのです。これでは平行線です。

そこで私は、その会でこう言いました。

「実は、渡邉さんの目標も根底部分は社会貢献と同じですよ。売上を上げることが多くの雇用を生むし、社員の給料だって上げられる。そうすれば、世の中を良くすることにもなるし、社員の家族の幸せだって生み出すことができる。

若者がＮＰＯだ、社会貢献だと言うのも、そのためにはもっとお金を稼がなければ実現できないし、そもそも自分自身が幸せじゃないのに、家族や世の中を幸せになんてできない。結局、渡邉さんのおっしゃることも、若者が掲げていることも、根っこの部分は同じなんですよ。だから、両方をバランスよく達成することがいまのやり方で、この２つがないと、いまの時代はダメなんですよ」

すると渡邉さんは、さすがにすごい方です。すぐにいまの若者の掲げる自分がワクワクしたいという感情や社会貢献も目標の１つだと理解されて、とてもやさしい顔になったのです。その場の雰囲気もガラッと変わって、その２つの目標の実現に向けてどうするかという有意義なディスカッションになったのです。

目標は「私・有形」「社会、他者・無形」の2つがあっていい。というよりも、2つがなければいけないのです。しかもこの2つは、根っこのところでつながっている。この部分を理解すれば、あなたの目標の立て方も変わってくるのではないでしょうか。

夢や目標に必要な「4つの観点」

夢や目標には「私・有形」のものと「社会、他者・無形」の2つがありますが、さらに達成力を高めるために、この2つの対となる概念が存在します。

それは**「私・無形＝自分自身の目に見えない夢や目標、そして目標を達成したときの感情や気持ち」**と**「社会、他者・有形＝社会や他者に対する目に見える夢や目標」**です。

実は、夢や目標を立てる際には、この4つの観点から考えることが達成への第一歩なのです。私たちはこれを「未来や目的・目標の４観点」と呼んでいます。

では、「自分自身の目に見えない夢や目標、そして目標を達成したときの感情や気持ち」と「社会や他者に対する目に見える夢や目標」とはどういったものなのでしょうか。

わかりやすくするために、店舗で働くビジネスパーソンを例にとって説明しましょう（56ページ図参照）。

まず、ビジネスの例で「私・有形」「社会、他者・無形」から考えると、次のようになります。

【私・有形】……５月の売上３０００万円！
給料が上がる
スキルが向上する
店長になる

【社会、他者・無形】……同僚が生き生きする

家族が安心する
業界が元気になる

「自分自身に対する目に見える夢や目標」は、月の売上3000万円、スキルを向上させていけば店長になれるという、目に見える目標です。

一方、「他者に対する目に見えない夢や目標」は、家族、同僚と周りの人たちの幸せと業界の幸せという大きな器での目標です。

この2つの目標を立てれば、「私・無形＝自分自身に対する目に見えない夢や目標」と「社会、他者・有形＝他者に対する目に見える夢や目標」も見えてきます。

【私・無形】……自分の仕事に誇りを持ちワクワクする
達成感を得る
自信が持てるようになる

【社会、他者・有形】……会社の売上が増える
お客様へより良い商品を提供する
仲間のスキルが向上する

「未来の目的・目標の４観点」とは、「私・有形」「私・無形」「社会、他者・有形」「社会、他者・無形」の４つの観点から目標を立てることで、達成へのシナジー効果（相乗効果）を生み出すのです。

ビジネスの「未来の目的・目標の4観点」

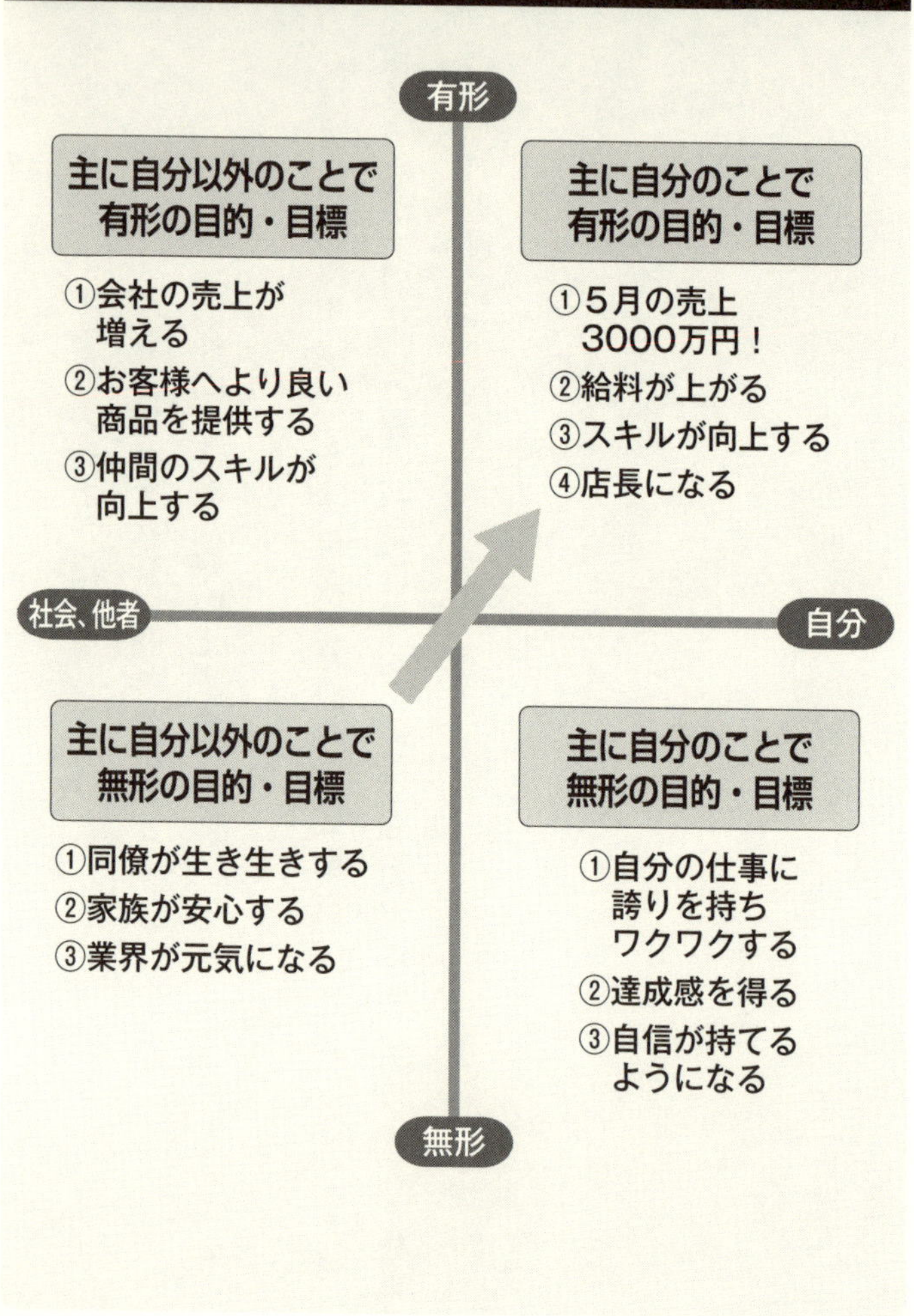
有形
無形
社会、他者
自分
主に自分以外のことで
有形の目的・目標
①会社の売上が
増える
②お客様へより良い
商品を提供する
③仲間のスキルが
向上する
主に自分のことで
有形の目的・目標
①５月の売上
3000万円！
②給料が上がる
③スキルが向上する
④店長になる
主に自分以外のことで
無形の目的・目標
①同僚が生き生きする
②家族が安心する
③業界が元気になる
主に自分のことで
無形の目的・目標
①自分の仕事に
誇りを持ち
ワクワクする
②達成感を得る
③自信が持てる
ようになる

「4つの観点」から見た目標の立て方

「未来の目的・目標の４観点」がわかったところで、あなたも実際に目標を立ててみましょう。

しかし、そういったところで、この４つの観点のどこから手をつければいいかわからないという人もいると思います。実際にはどこから考えてもいいのですが、まずは、「私・有形」「他者・無形」のどちらかから目標を立てます。

どちらかからと言ったのは、これも世代で大きく変わってくるからです。

おそらく、50代以上の人は「私・有形」から目標を考えたほうが立てやすいはずです。逆に30代以下の人は「他者・無形」からのほうが考えやすい人もいます。

これは先ほどから述べている、育ってきた環境の違いで、これまで目に見える自分のことのみを目標にしていた人は、「年収1000万円稼ぐ」でも「部長に昇進する」でもかまいません。大事なのは、そうなった自分の姿から、他者をどうしてあげたい

「未来の目的・目標の４観点」のシナジー効果

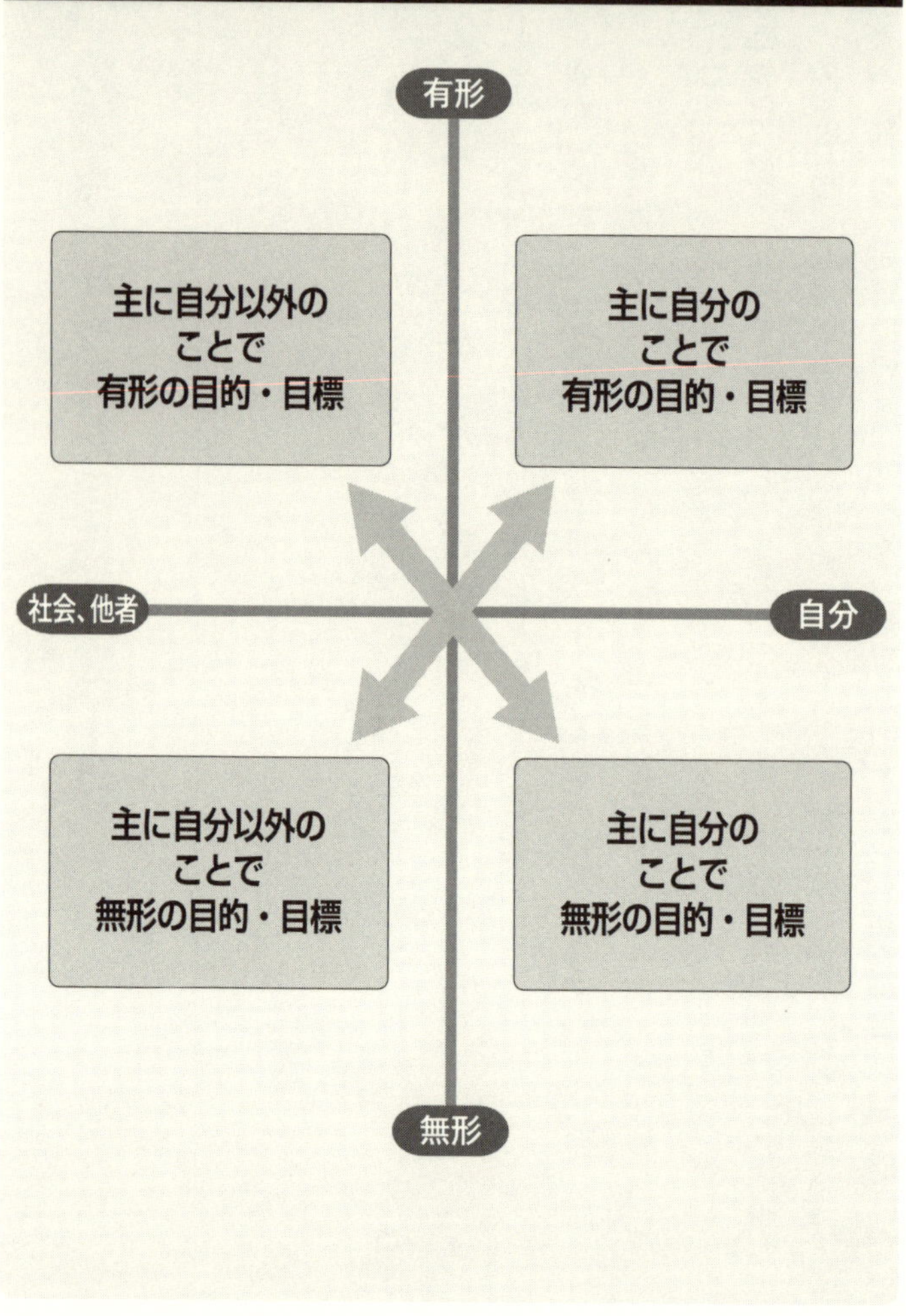

のかを考えて、「社会、他者・無形」の目標を立てることです。

また、目に見えない他者のことから目標を立てた人は、その実現のために自分がどうなっていたいのかを、それこそ目に見えるイメージできる形で目標を立てるのです。

【私・有形】……数字などを入れた具体的な目標
試験合格、優勝などの期日のある目標
自分自身の地位（立場）など見てわかる目標

【社会、他者・無形】……自分の周りにいる人たちへの気持ち
社会・地域などへの思い
成功したときに得られる感情

ちなみに、40代あたりの人はどちらからでも考えることができる世代です。なぜならば、50代以上の人たちから仕事を学んでいて、しかも、30代以下の部下を持っているという、いわば狭間《はざま》の世代だからです。

彼らは、上の言うこともっともだ、でも下の言うこともわかるというように、2つの世代の感覚を肌で感じているのではないでしょうか。ですから、売上も大事、自身のキャリアも大事と感じていると同時に、世の中や人のためになんとかしたいという思いもあるはずです。

自分はどちらに重きを置いて生きているのか、そこが目標を書き始めるポイントになります。

いずれにしても、「私・有形」「社会、他者・無形」のどちらかから目標を立て、その両方の目標を立ててみてください。そして、書いたあとそれをもう一度見返してみてください。

おそらく、根っこの部分は同じことを言っていることに気づくはずです。

それが済んだら、「私・無形」「社会、他者・有形」に派生させていけば、「未来の目的・目標の4観点」が出来上がります。

「未来の目的・目標の４観点」シート

あなたにとっての有形・無形の目標を書き出す

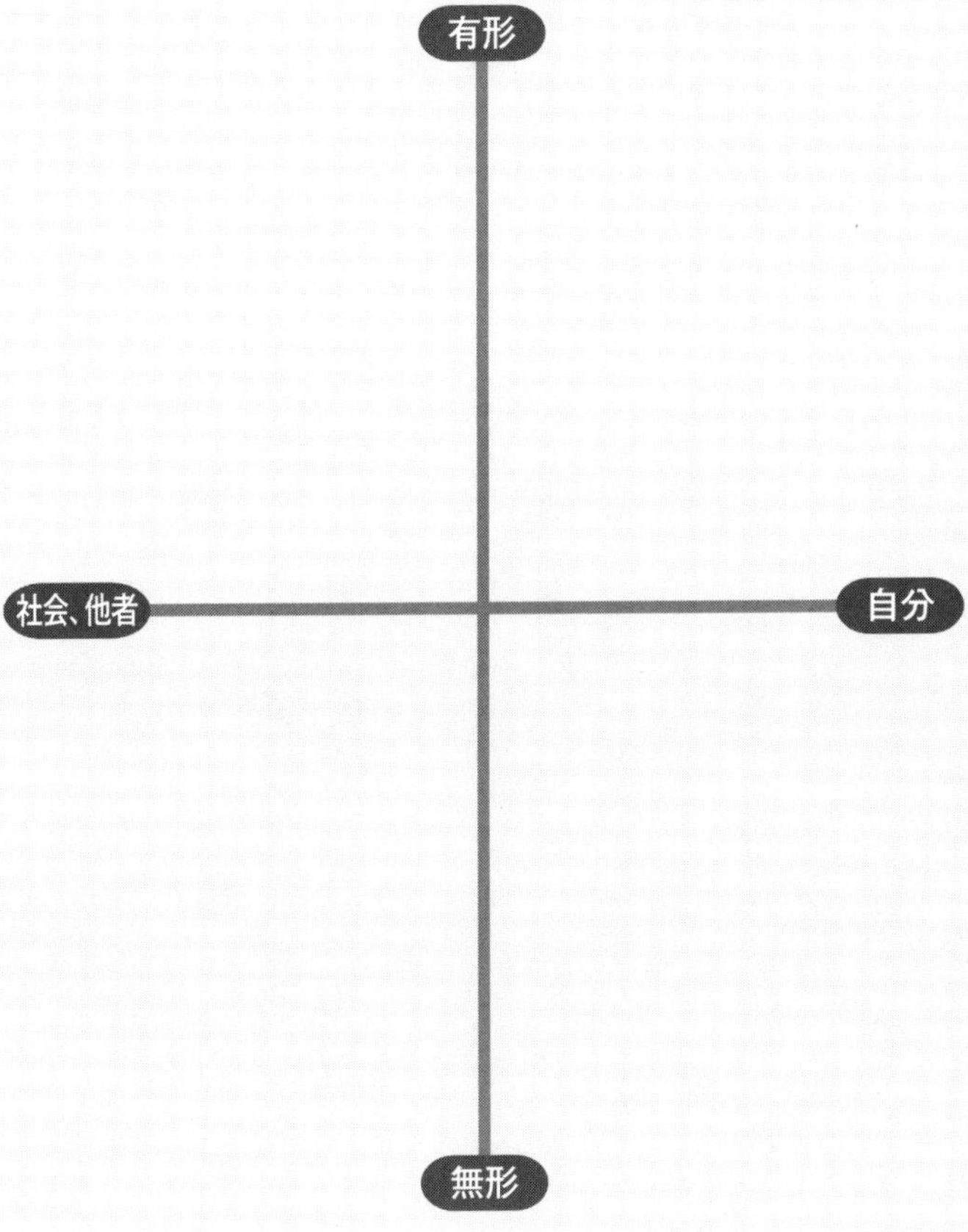

目標の価値観は世界共通

「未来の目的・目標の4観点」に対する考え方は、実は世界に共通した考え方でした。海外に本社を持つ製薬関係の企業があります。50億ユーロという莫大《ばくだい》な収益を上げているライフサイエンスの世界企業です。

この企業の国内企業同士のM&A後に2つの会社を馴染ませて、パフォーマンスを早く上げるための集中幹部研修を実施しました。

そのときに、2つの企業では、やはり目標に対する感覚が違っていました。しかし、4つの観点で有形・無形の話をし、それぞれにワークで書き出してもらうと、実のところ2社が考える価値観は製薬会社なのでほぼ同じだったのです。

つまり、社会・他者の無形の目標は、言い換えれば、「世界の人たちのライフサイエンスに貢献し、人々を幸せにする」という価値においては共通だったのです。

結局、2社は似通った共通の企業理念（＝社会・他者の無形）から生まれる有形の目標は、現在はそれぞれ勝手にやっていいのではないかということに落ち着いたわけです。

こうした経験があって、今度は中国で日系の監査法人の中国人社員と日本人社員の考え方や価値観が合わないので、それをまとめてほしいという依頼がありました。そこで私は、１時間彼らにレクチャーをしました。それまでは、お互いに「日本人はよくわからない、中国人もよくわからない」という状況でしたが、「未来の目的・目標の４観点」で彼らに意見を書き出してもらったら、かなりの共通項があり、それぞれが他国の人の価値観や考え方を理解し出したのです。

ですから、この４つの観点をもとに物事を見ることで、宗教や信条、言語や国籍が違っても、原点は一緒だということがわかったのです。

また、スイスの梱包資材をつくる製造業で研修をしたときも、マネジャーはイタリア人とイギリス人、職人はドイツ人、その他さまざまな国の人が参加していましたが、彼らはこの「未来の目的・目標の４観点」が一番面白かったと言っていました。ドイツ人の4観点の展開、イタリア人の展開、イギリス人の展開の中で、違いと一致している共通部分が一目瞭然にわかったと好評でした。

昨年、20名の外国人マネジャーを、私が指導している日本企業に招き、研修を行ったことがありました。イスラエルやメキシコなど6カ国のマネジャーが来ていました。そのときにヒアリングをしたのですが、とくにアメリカ人が言ったことは、仕事はいかに短時間で結果を出すかという世界で生きていて、生活そのものとは完全に切り離されているということでした。

彼らの生活というものは宗教の影響で、生活に愛というものが備わっています。つまり、生活と愛は完全につながっている。しかし、仕事はそこにはつながらないのです。結局、仕事とは生活と切り離された成果の世界であって、まさに〝ライフとワークは別〟の世界だったのです。

こうした考え方では、仕事が楽しく感じられるはずがありません。

あのトヨタの「カイゼン」を世界に紹介した、著作数も２００冊を超えるノーマン・ボディック氏が日本能率協会の講演会に来たときに言われました。

「カイゼンのおかげで、世界中で数字を上げることができましたが、指導した職場で働く人たちが生き生きと働いていません。とくに製造業の世界では顕著です。愛する日本に、職場で成果を上げながら、かつ働く人々が生き生き元気である、そして仕事に誇りを持っている、そのように人と職場を育てる学びやメソッドはないでしょうか？そのような教育が日本にはあるのではないですか？」

そんな話から私が紹介されて、「原田メソッド」とボディック氏のカイゼンで世界を教育しようじゃないかということになったのです。

おかげで原田メソッドは、世界11カ国で翻訳され、新たな組織開発の旗手として乗り出すことになりました。

こうしたことも、「未来の目的・目標の４観点」という考え方が世界共通であるということに強い確信を与えてくれたのです。

「DO」「HAVE」から「BE」の世界へ

先ほど「私・有形」「社会、他者・無形」のどちらからでも目標を立てていいと言いましたが、いまの世の中を考えると、実は「社会、他者・無形」の目標から考えるほうが理にかなっています。

というのも、これまでの「1億円稼ぐ」とか「昇給、昇進するためにスキルを磨く」といった「私・有形」のものだけを求めても満足しないということに、多くの人が気づいてきているからです。

たしかに、これまで巷には個人の成功を求めた本があふれていましたが、2000年になる少し前くらいから、人の心の問題が取り上げられるようになってきました。

有名なのはダニエル・ゴールマン博士の『EQ〜こころの知能指数』（講談社）という本で、それまでのIQ（知能指数）よりも、Emotional Intelligenceという数値では測ることのできない心の知能指数のほうが、人生にとって必要ではないかと説いたものです。

その後、スティーブン・R・コヴィー博士の『7つの習慣』(キングベアー出版)という世界的なベストセラーが出版されたように、いわゆる人格を磨くことのほうが、人生の成功にとって最良の方法であるという世の中に変わっていったのです。

日本の教育界にいたっても同じで、それまでの偏差値教育や管理教育から大きく振れて、ゆとり教育へと変わっていきました。

ゆとり教育については、その罪《ざい》だけがクローズアップされています。年配の方からすれば円周率が3でいいなど知識の面で低下したと危惧するのでしょう。しかし、いまのゆとり教育世代が社会貢献などに重きを置くように、心の醸成は確実に時代の変化に対応しているのではないかと思います。

ですから、あなたの人生の目標も、**土台は心を磨く、言い換えれば社会貢献できる人格を育てるために必要な目標「社会、他者・無形」を考えるほうがいい**のです。

これは人のあるべき姿「BE」で、「私・有形」はやり方や所有の話ですから「DO」や「HAVE」です。

どちらが目標の基本かといえば、それはやはり「ＢＥ」で、そこから次のパフォーマンスを出していくのです。このような考え方をうまく体得する手法にＵ理論という優れたものがありますが、一度自分の中にある、いままでの自分である「ＢＥ」の部分を掘り下げて、新しい自分である「ＢＥ」を生み出し、それをベースとして行動を変革するという方法は、少し体感しにくい面もありました。

そこで「ＢＥ」を考えるベースとして役に立つのは、名だたる経営者たちの哲学です。

たとえば、稲盛和夫さんの人生の成功の手本である「考え方×熱意（努力）×才能」は、熱意を持って才能を発揮しても、心の部分である考え方がゼロだと結果はゼロ、マイナスであれば結果はマイナスになってしまうという人生の方程式です。

また、井深大《いぶかまさる》さんや本田宗一郎さん、松下幸之助さんの哲学も「ＢＥ」が最初にあって、大きな変革を遂げています。おそらく、人間形成が先にくる考え方という時代に戻ってきているのではないかと感じています。

調べてみると、彼らの人格形成や、のちの社会貢献に大きく影響している共通項が3つありました。

１つは幼少期に愛に育《はぐく》まれて育っていること、２つ目は大病や事故などで生死をさまようような体験をしていること。このような２つの体験があると、自分の我欲を解き放ち、我が離れると「社会、他者・無形」のほうに突き進むので、一気に人格的にも広がりを見せるのです。

あともう１つは、いま流行りの瞑想《めいそう》や坐禅《ざぜん》、マインドフルネスです。

これらの継続によって自己への気づきが高まり、良い行動を行おうとします。また、頭の中が解放されていきます。考えすぎると雑念や我欲でいっぱいになりますが、頭が解放されると、潜在意識のもとになる「サムシング・グレート」から発想やヒントが下りてきます。これは筑波大学名誉教授の村上和雄先生がおっしゃっています。

ですから、未来や目標を考えるうえで、あなたの原体験や成育歴、自分は４つの観点のどこが強いのか、どうしても数字だけを追い求める人間なのか、それとも他者と協働して何かやるのが好きなのか、**一度自分を棚卸しするという作業をしてみてほしい**のです。

まずは、自分が目標を立てる際に、「未来の４つの目的・目標」がどれくらい出るかを紙に書いてみれば、自分自身がわかってきます。

「私・有形」の部分が10個、「社会、他者・無形」の部分が1個しか出ないという人もいれば、「他者・無形」の部分が10個以上出てくる人もいます。

ただし、ここはバランスですから、「私・有形」しか出てこない人は、もう少し身の回りの人や社会の幸せを考えるような思考や人間形成が必要ですし、逆に「社会、他者・無形」ばかりの人は、もう少しビジネスの視点なども取り入れて、「私・有形」を増やし、自分に足りない目に見える目標を持つようにするといいのです。

あなた自身の生き方そのものに根差した部分ですから、目標を決める前に、一度ここだけを考えて視野を広げてみてください。

「BE」から生まれる目標に制限はない

私たちは研修で、「DO」「HAVE」よりも、自分のあるべき姿「BE」が大切だという話をよくします。受講生は初めて知る「未来の目的・目標の４観点」の話で感動しているうえに、感情を目標にしてもいいと言われると、一瞬なんのことだか戸惑います。

そこで、「みなさんは、うれしい感情や楽しい感情、自信などを得ることが動機になってもいいのです。また、生き生きしたい、ワクワクして働きたいなどを目標に置きモチベーションを高めてもいいですよ」と言うと、多くの受講生が安心します。

これまで目標というと、「年収アップ」や「会社の売上アップ」など有形のものを立てなければならないという固定観念がありましたから、多くの人が心のどこかに「何か違うな」という感情を抱いていたのではないでしょうか。

これからの目標は、そうした「有形」のものとともに「社会、他者」に関するものや「無形」のものも必要なのです。世の中のためとか人が和《なご》むとか家族を安心させるという目標は、昔なら社会人としてふさわしくないと思われたでしょうが、いまの時代はそんなことはないのです。

たすき掛けの法則というものがありますが、「社会、他者・無形」の目標が増えたら、同時に「私・有形」の目標も増えていきます。

しかし、若い人や女性などは、とくに高い目標を書くことに躊躇《ちゅうちょ》してしまいます。原田メソッドの考え方を女性や学生、就活生に広げた講座の生徒さんは、高い目標を書いていいのだろうかと筆が止まることがあります。

私たちはそうした人たちに説明するときに、成功者たちは「未来思考アウトプット型」だという話をします。

そもそも人間は、成長していく過程で「過去思考インプット型」や「消極的思考」になっていきます。親や学校で「どうせ無理」と言われ続けたり、メディアなどの影響で、「どうせ自分にはできない」「できなかったらどうしよう」「やってもムダだ」と、勝手に思い込んでしまうのです。

たとえば、多くの子どもが小学校の卒業文集では、「サッカーで日本代表になりたい」とか「世界一になりたい」と書きます。

しかし、彼らが中学生になると、「サッカー関係の仕事」というように夢を下げてしまいます。それがだんだん年齢を重ねるにつれて、サッカー関係の仕事からスポーツ関係の仕事になって、中学を卒業する頃になると、夢を言えなくなっているのです。

しかし、成功している経営者などは逆に、見えない未来へ向かってポジティブに夢を掲げ、その夢の達成に向かって具体的に「私・有形」の目標を生み出していきます。

もちろん、根底には「社会、他者・無形」の思いが存在しているからなのでしょうが、「未来思考アウトプット型」だからこそ、「私・有形」の目標を高く掲げることができるのです。

「未来思考アウトプット型」で物事を考えるためには、**あなたの心のコップを積極的、前向き、真面目、本気という常に上向きの状態にしておく**ことです。そうすれば、すべてを受け入れる状態が出来上がります。そうして、そのコップの中に大きな夢や目標をどんどん入れていけるのです。

ですから若い人たちには、コップの器を上向きにするために、さまざまな想像をしてもらいます。その中で、「ドラゴンボールワーク」というものがあります。

これは、漫画『ドラゴンボール』で、ボールを7つ集めるとシェンロンという龍が出てきて、1つだけ願いを叶えてくれるというもので、ワークでは1つの願いではなくて、5分間で書いたものをすべて叶えてくれるとしたら、何を書くかというワークをするのです。

するとほとんどの人が、一気に夢や目標を書き出します。5分しか時間がないわけですから、「これは無理だろう」など考える暇などなくなります。そうやって書き出した夢や目標を恥ずかしいなどと言っていられなくなるのです。

私たちはこうしたワークの際には、何も制限がなく、時間もすべて自由だったらという前提で書いてもらいます。

やはり自分自身にブレーキをかけている人が多いので、感情に対しての目標も含めていくと、もう少し自由に目標が書ける人が増えてくるのではないかと思っています。

あなたの「BE」を豊かにする感情のキーワード

「未来思考アウトプット型」で物事を考えると、高い夢や目標を立てることができます。

とくに数字のある「年収いくら」「売上いくら」といった目標は、無理なく描くことができるでしょう。しかし、「DO」「HAVE」よりも「BE」が大切だと言ったように、「ＢＥ」から生まれた「ＤＯ」「ＨＡＶＥ」のほうが、目標が確固たるものになります。

先ほど、「私・有形」において高い目標が立てられないという話をしましたが、逆に、これまで「ＤＯ」「ＨＡＶＥ」の目標しか立ててこなかった人は、「ＢＥ」も目標になっていいと安心するのですが、「社会、他者・無形」の目標に対して、どんな感情を表現すればいいのか、実際に書けないという人がたくさんいるのです。

もちろん、書き慣れていないということが大きな原因かもしれませんが、実は「感情」を表現する言葉というものを、これまで押し殺してきたことに原因があるのです。また、もともと感情の語彙《ごい》が少ないということもあります。

研修でも、どんな気持ちになりたいか、どんな人生を送りたいかと質問すると、「楽しい」とか「ワクワク」「ハッピー」くらいしか出てきません。感情の語彙が、それこそ5個出てくるかどうかです。しかし、１００個以上書ける人もいます。おそらく、ほとんど書けないという人は、感情を表現することが少ない状況や環境に生きているからかもしれませんが、その違いは圧倒的に**読書量の違い**です。

人生を豊かなものにするためには、やはり本を読んで登場人物の気持ちを自分に重ね合わせたり、主人公の置かれている状況を想像したり、また映画を観たりすることが大切です。そういったものに触れ合う量が少ないと、感情表現のキーワードが少なくなり、人生も無味乾燥なものになってしまいます。

たとえば、「清々《すがすが》しい」という表現を辞書で調べて知ったとしても、その意味を理解しただけで、その情景や感情はわかりません。しかし、本や映画などで想像の中で疑似体験をした人は、脳の記憶と感情がセットになって入っているので場面設定もより豊かなものへとなっていくのです。

とはいえ、実際には感情の表現ができないという人が多いのが現実です。そこで研修では、「感情のアナウンスキーワード」を100個くらい紙に貼り出して、そこから自分が一番感じたい感情を書き出してもらっています。すると、感情のキーワードが圧倒的に出やすくなります。

「感情のアナウンスキーワード」はポジティブな表現だけを載せています。次ページに主なキーワードを挙げていますので、それを参考に、あなたの感情キーワードを探し出してみてください。そして、無形の目標設定の際に、そうした感情を目標に取り入れてみてください。

感情のアナウンスキーワード

- ◉自信
- ◉自己実現
- ◉達成感
- ◉満足感
- ◉充実感
- ◉誇り
- ◉プライド
- ◉あこがれ
- ◉よろこび
- ◉自立する
- ◉期待できる
- ◉自己肯定
- ◉前向き
- ◉明るい気持ち
- ◉幸せを感じる
- ◉やる気が高まる
- ◉元気になる
- ◉生き生きする
- ◉ワクワクする
- ◉活気
- ◉勇気が湧く
- ◉感動する
- ◉うれしい
- ◉感激する
- ◉感謝する
- ◉おかげです
- ◉自分を認める
- ◉確信を得る
- ◉責任感が育つ
- ◉美しい
- ◉自分を好きになる
- ◉自由になる
- ◉やり甲斐《がい》を持つ

ラグビー日本代表が変わった「4つの観点」から生まれた目標

2015年、女子サッカーのなでしこジャパン以来、日本人を熱狂させた試合がありました。

ラグビーW杯の予選で、「W杯史上最も衝撃的な結果」「スポーツ史上最大の番狂わせ」と報じられた、エディー監督率いるラグビー日本の代表の試合です。

W杯で2回優勝し、当時世界ランク3位の南アフリカ代表（スプリングボクス）に初対戦ながらラストプレーでの逆転により34-32で勝利したこの試合、奇跡の試合を観たという方も多かったのではないでしょうか。

その後、日本代表は予選リーグで3勝するものの、勝ち点の差で、W杯初めて3勝して予選リーグ敗退という結果に終わりました。

しかし帰国後、五郎丸歩《ごろうまるあゆむ》選手などメディアやCMなどで引っ張りだこになり、ラグビー人気もうなぎ上りになったことは記憶に新しいでしょう。2016年11月の対ウエールズ代表（レッドドラゴンズ、世界ランク6位）戦においても、33‐30と惜しくも敗れましたが、日本のラグビーが世界との体格差をものともせず、その強さが世界的に認められているのは、間違いありません。

では、なぜ日本代表がここまで強くなれたのか。

もちろん、過酷な練習の成果であることは間違いないのですが、彼らが掲げた目標が大きな変化を生み出しました。

彼らの「社会、他者・無形」の目標は次のようなものでした。

- **ラグビーファンが喜んでくれる**
- **世界が日本ラグビーの底力を知る**
- **お世話になった人が喜んでくれる**
- **子どもたちが誇りを感じてくれる**

日本代表は、これまで8回行われたW杯にすべて出場していますが、勝利したのは、はるか10年以上前の1回のみ。それゆえに、この大会自体がラグビーファン以外は、日本人にほとんど知られることはありませんでした。しかし、翌年には名将エディー監督を招聘《しょうへい》して、「社会、他者・無形」の目標も掲げながら2015年のW杯ベスト4という目標（私・有形）を目指し、過酷な練習にも耐えて、史上最大の番狂わせを起こしたのです。

ここで、ラグビー日本代表の「未来の目的・目標の4観点」を考えてみましょう（次ページ参照）。

「社会、他者・無形」の目標から出てきた「私・有形」の目標は「W杯ベスト4」、そして、「私・無形」「社会、他者・有形」の目標も、「日本ラグビーの戦い方が世界に認知され誇りを持つ」「ファンを増やし子どもたちがラグビーをするようになる」「ラグビー界の発展に貢献できワクワクする」というように、ラグビーを通して彼らの自己実現を目指しています。

このように、**あるべき姿「BE」が生まれると、おのずと行動すべきものも見えてきます**。世界に比べて圧倒的に体格差の劣る日本人が、ラグビーで勝つために死ぬほどの練習に耐えられたのも、彼らの目指す「ＢＥ」があったからなのです。

ラグビー日本代表の４つの観点からの目標

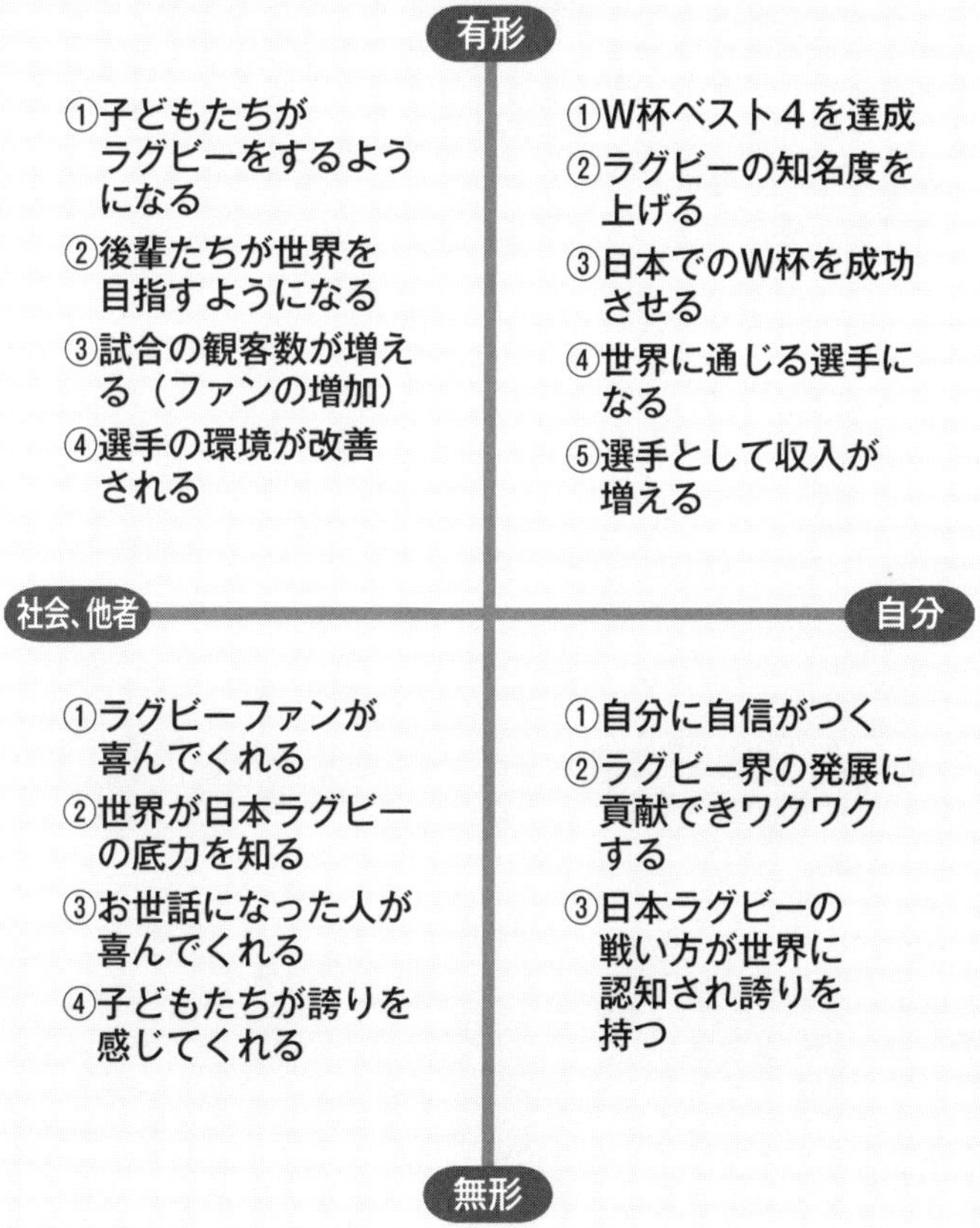
有形
①子どもたちがラグビーをするようになる
②後輩たちが世界を目指すようになる
③試合の観客数が増える（ファンの増加）
④選手の環境が改善される
①W杯ベスト４を達成
②ラグビーの知名度を上げる
③日本でのW杯を成功させる
④世界に通じる選手になる
⑤選手として収入が増える
社会、他者
自分
①ラグビーファンが喜んでくれる
②世界が日本ラグビーの底力を知る
③お世話になった人が喜んでくれる
④子どもたちが誇りを感じてくれる
①自分に自信がつく
②ラグビー界の発展に貢献できワクワクする
③日本ラグビーの戦い方が世界に認知され誇りを持つ
無形

第3章

オープンウィンドウ64の「書き方＆使い方」

私を変えた、ある1枚のシートとの出会い

あなたの核となる目標の立て方について知っていただいたあとで、いよいよここからは、夢や目標が実際に行動へと向かうシート、「オープンウィンドウ64（ＯＷ64）」について解説していきます。

このＯＷ64は、大谷選手だけではなく、国内外のビジネス、教育、スポーツ、芸術などあらゆる分野での成功者を輩出したシートです。シートに書き込み、それを毎日眺めると、あなたが自然と夢や目標に向かって行動してしまうという不思議なシートです。

その前に、なぜ開発者である私が、このＯＷ64を私たちの研修に取り入れたのか、そこからお話をさせてください。

ＯＷ64は、もともと「マンダラチャート」と呼ばれるもので、開発したのは実は日

本人。アメリカでは、組織を変えた発明として、トヨタの「カンバン方式」とともに「マンダラチャート」の開発者として日本で唯一、クローバ経営研究所の松村寧雄氏が紹介されています。

私はもともと教員になる前からマンダラというものに対して非常に興味を持っていました。マンダラというと、日本の平安時代くらいから存在していて、京都とか奈良にも庶民の生活を天国界と地獄界をマンダラで表したものなどがありました。

私は奈良教育大学に在籍していたので、そのような図が、寺院や奈良という土地の中にたくさんあることを知っていました。そこで「これは面白いな」と思っていたのです。

また、映画好きなのでよく映画を観ますが、そのとき、大好きな俳優のブラッド・ピットが主演した『セブン・イヤーズ・イン・チベット』という映画が公開されました。チベットが中国に蹂躙《じゅうりん》されている時代、登山家に扮《ふん》するブラッド・ピットが若き日のダライ・ラマと信仰を結ぶというストーリーですが、あの中にチベットの僧たちが中国の代表を迎えるときに、とてもきれいな砂絵でマンダラが描かれていたのです。

その後、東京でチベットのマンダラ展というのがあって、私はそれを見に行きました。そのときに展覧会の担当者に「マンダラって何ですか」と質問したら、「**マンダラは人間の心理、求めるもの、それを所有するに至る**」ということを教えられました。そして、マンダラの形が大事なんですということもお聞きしました。

マンダラは、８×８＝64マスで構成されていて、これが人の思考、考え方の渦《うず》のようなものだったのです。

それで合点がいきました。

それから８×８＝64、１つのものが８つに思考され、またその８つが８つに思考されるということが人間の心理の核に達する思考だとわかって、たとえば、自分の仕事や自分のやろうとしている研修などをまとめるときに、マンダラを使ってまとめ出すと、一気に全容が見えるようになったのです。これには自分でも驚きでした。

そして14年前、このマンダラの図柄を社員の教育に使っていたのが、『日経ビジネス』の人物列伝の私の記事を読まれていた企業のリーダーだったのです。その企業の研修に呼ばれて初めてシートを目にしました。そこで自分なりに思った改善点と新しいアイデアを元に試行錯誤を重ね、自分自身でＯＷ64として開発していきました。

それを最初に導入したのは、大手証券会社の店長クラスに向けての研修で、150人の全国から集まったリーダーに向けて3日間、トータルで24時間の研修をやりました。

そのときにOW64を使ったら、もう大好評で、リーマンショックの前でしたが、ものすごい結果が出て、これは本物だと実感したのです。もちろんその証券会社ではいまでも各店舗でOW64を採用していただいていますし、私の研修にも欠かせないツールとなったのです。

大谷選手の目標の中にある「運」「人間性」「メンタル」

日本ハムの大谷選手が、このOW64を使って目標を書いたのは高校1年生のときです。そのときに書いた大谷選手のOW64が冒頭でもお見せしたシートです。ここでもう一度、大谷選手のものを見ながら、このシートが目標達成に効果的なのか解説していきます（89ページ参照）。

大谷選手の大きな目標は「ドラフト1位で8球団から指名」されるというもので、それが中心に書かれています。この目標を達成するために必要な要素を、周りの8つのマスにそれぞれ掲げています。

「コントロール」「キレ」「スピード160キロ」「変化球」「運」「人間性」「メンタル」「体づくり」です。

この8つは、中心に掲げた目標の「ドラフト1位で8球団から指名」されるために達成しなければいけない目標や項目を、大谷選手自身が考えたものです。

まず「コントロール」「キレ」「スピード160キロ」「変化球」というのは、プロ野球選手になるためには必要不可欠な技術で、ピッチャーとしての経験から生まれたものでしょう。

ただ、「スピード160キロ」というのは、高校生ではあり得ない目標です。しかし、8球団から指名されるとなると、160キロを投げる高校生ピッチャーはどこの球団も欲しいはずです。ですから、「コントロール」「キレ」「変化球」というピッチャーとして当たり前の技術に加え、自分にしかできない特別な目標を入れているのです。

大谷選手が高校１年生のときに書いたOW64

体のケア	サプリメントをのむ	FSQ 90kg	インステップ改善	体幹強化	軸をぶらさない	角度をつける	上からボールをたたく	リストの強化
柔軟性	**体づくり**	RSQ 130kg	リリースポイントの安定	**コントロール**	不安をなくす	力まない	**キレ**	下半身主導
スタミナ	可動域	食事 夜７杯 朝３杯	下肢の強化	体を開かない	メンタルコントロールをする	ボールを前でリリース	回転数アップ	可動域
はっきりとした目標、目的をもつ	一喜一憂しない	頭は冷静に心は熱く	**体づくり**	**コントロール**	**キレ**	軸でまわる	下肢の強化	体重増加
ピンチに強い	**メンタル**	雰囲気に流されない	**メンタル**	**ドラ１ ８球団**	**スピード 160km/h**	体幹強化	**スピード 160km/h**	肩周りの強化
波をつくらない	勝利への執念	仲間を思いやる心	**人間性**	**運**	**変化球**	可動域	ライナーキャッチボール	ピッチングを増やす
感性	愛される人間	計画性	あいさつ	ゴミ拾い	部屋そうじ	カウントボールを増やす	フォーク完成	スライダーのキレ
思いやり	**人間性**	感謝	道具を大切に使う	**運**	審判さんへの態度	遅く落差のあるカーブ	**変化球**	左打者への決め球
礼儀	信頼される人間	継続力	プラス思考	応援される人間になる	本を読む	ストレートと同じフォームで投げる	ストライクからボールに投げるコントロール	奥行きをイメージ

このことをすでに理解しているというのが、並みの選手ではありません。

また、彼がいま成功の真っただ中を走っているのは、技術の次に挙げた「運」「人間性」「メンタル」という部分です。

これは大谷選手のご両親の教育や、彼に関わってきた多くの野球の恩師たちの指導の賜物《たまもの》ですが、技術だけではなし得ない心を磨く部分です。そして、「体づくり」という、スポーツ選手には欠かせない体力の目標を掲げています。

大谷選手がすごいのは、**「運」「人間性」「メンタル」といった、いわゆる無形の目標に関する部分が8つの柱に組み込まれている**ことです。

実際に、「運」の目標を達成するために具体的にどう行動するかという、さらに広げた8マスには、「ゴミ拾い」「部屋そうじ」「審判さんへの態度」「本を読む」「応援される人間になる」「プラス思考」「道具を大切に使う」「あいさつ」といった、野球とは直接関係ないように思える事柄が入っています。しかし、それこそが自身の運を高める行動であるということを直感的に知っていることです。

「人間性」を磨くという目標に対しても、「感謝」「礼儀」「思いやり」、「メンタル」を磨くという目標に対しても、「仲間を思いやる心」「頭は冷静に心は熱く」など目標達成に必要な要素がしっかり書かれています。

以上を考えると、大谷選手という人物が壮大な目標を達成しているのは当たり前だと感じてくるのではないでしょうか。

もちろん、技術面においてはプロに入ってからますます高めなければならないこと、やるべきことはあると思います。しかし、高校1年生のときに書いたこのシートでは、実際に高校時代に160キロをマークして、メジャー数球団からの面接を受けました。そして、ドラフトでは1巡目で北海道日本ハムファイターズが単独指名して交渉権を獲得し、いまの大谷選手がいます。

彼はこのシートに書いた通り以上の目標を達成したのです。

日本ハムファイターズでも取り入れられた「原田メソッド」

大谷選手は高校を卒業して、ドラフト1位で日本ハムファイターズに入団したわけですが、プロ野球選手になってからも、彼は新たな目標を立てています。

実は日本ハムファイターズでは、2軍の若い選手たちに「原田メソッド」（自立した人や組織を育成する教育）を使って指導しているのです。

その指導者が本村幸雄さんという原田の教師塾の教え子の1人で、神奈川県の高校の野球部監督から日本ハムの選手教育ディレクターに就任しました。

彼は千葉県鎌ケ谷市にある2軍の選手寮「勇翔寮」で、高校を卒業してプロになった選手たちに、目標設定に「原田メソッド」を採用し、礼儀、挨拶《あいさつ》、掃除、片づけなど、野球の技術だけではない心や人間性の部分を指導しています。選手たちには毎日日誌を書いてもらい、朝の決まった時間に各々本を読む時間を設けるなど、球団が教育に力を入れているのです。

なぜならば、将来、多くの選手がどこかのタイミングで球団を卒業します。彼らがユニフォームを脱いで社会に出たとき、「野球しか知らない」では、社会人としての成功者にはなれないからです。

私は「高校野球はあくまでも人生の中の1ページ。将来の成功者になってもらうためには、若いうちから内面を磨いていかなければならない」と、常々言っていました。

本村さんの選手教育ディレクターとしての就任も、昨今の野球界の不祥事の中で求められた、当然の結果だと言えるでしょう。

また、そのような人間形成に力を入れる北海道日本ハムファイターズが2016年の日本一になったことは、球界やスポーツ界、そして野球少年や子どもたちにとって、とても意義のある素晴らしいことだと思います。

さて、そんな日本ハム優勝の立役者と言っていい大谷選手のプロ1年目の目標は、投手として「5勝を挙げる」というものだったそうです。OW64の真ん中にそれが書かれており、やるべきことが64マスの中に、具体的に数字として書かれています。

本村さんは、『101年目の高校野球「いまどき世代」の力を引き出す監督たち』の中で、大谷選手のことをこう言っています

「大谷は花巻東のときから目標の決め方を学んできた選手です……(中略)……プレーヤーとして一流ですが、考え方も一流です。自分でやると決めたことを、必ず実行できる。どんなに忙しかったとしても、やることをしっかりやる……」

大谷選手は、高校1年生のときからOW64で目標を立てていますから、ほかの選手

とは意識の差があって当然ですが、彼が類《たぐい》まれなるスター性を備えているのは、目標に対してそれを確実に行動に移していくという、**一流としての強い意志から生まれているのです。**

野球の場合、目標は投手なら勝ち星、防御率、野手ならホームランや打率など数字に表しやすいものですが、ＯＷ64の特徴は、心や体の部分の目標を入れることによって、「人間力」を高めるという行動目標も同時に立てるという、まさに真の成功者にとって必要な要素が組み込まれていることです。

最後に、野球界では本村さんの取り組みを他球団にも広げていこうという流れが出てきているそうです。

私もスポーツ指導者の１人として、大谷選手や本村さんのような人たちから、野球界を素晴らしい人間教育の場にしていってもらいたいと強く思っています。

それでは、いよいよ実際に、あなたの目標をＯＷ64に書き込んでいきましょう。

【その1】あなたが一番達成したい目標を中心に書く

ＯＷ64は、８×８＝64マスの中に目標と行動目標を書き込んでいくシートです。シートの中心に１つ、**あなたがなし得たい目標（テーマ）**を書きます。そして、真上から時計回りに、その中心の目標を達成するために必要な要素を８つ落とし込んでいきます**（基礎思考）**。

８つの要素を落とし込んだら、その目標を放射状に伸ばした９マスの部分の中心に書き込みます。そして、それぞれの目標に対して先ほどと同じように真上から時計回りに、やるべきこと、行動目標を８つ書き込んでいきます**（実践思考）**。

1．取り組む「テーマ」を決める。
2．「基礎思考」を８つ書き出す。
3．８つそれぞれから、さらに８つの「実践思考」を生み出す（実践思考とは、その

言葉を聞くと具体的な活動や行動、その活動場面がイメージできる言葉のことを指す）。

4．1つの「テーマ」に対して8×8＝64個の「実践思考」が生まれる。

たったそれだけです。しかし、実際にこの作業をやってみるとわかるのですが、初めての人だとかなり時間がかかります。研修では、第1章、第2章で説明した目標の考え方である4つの観点から、中心にはどんな目標を置くのかを考えてもらいます。中心の目標に何を置くかで悩んでしまう人もいますが、ここは有形の目標でも無形の目標でもかまいません。しかし、ゴールがはっきりしている場合、たとえばビジネスなら、単純に「売上××億円」や「会社が地域社会に貢献する」というものでもかまいません。

私たちは企業にも研修をしているので、企業でシートを書くときは、当然このような仕事絡みの目標を設定して、参加者にはシートの中心にその目標を書いてもらいます。

OW64の書き方

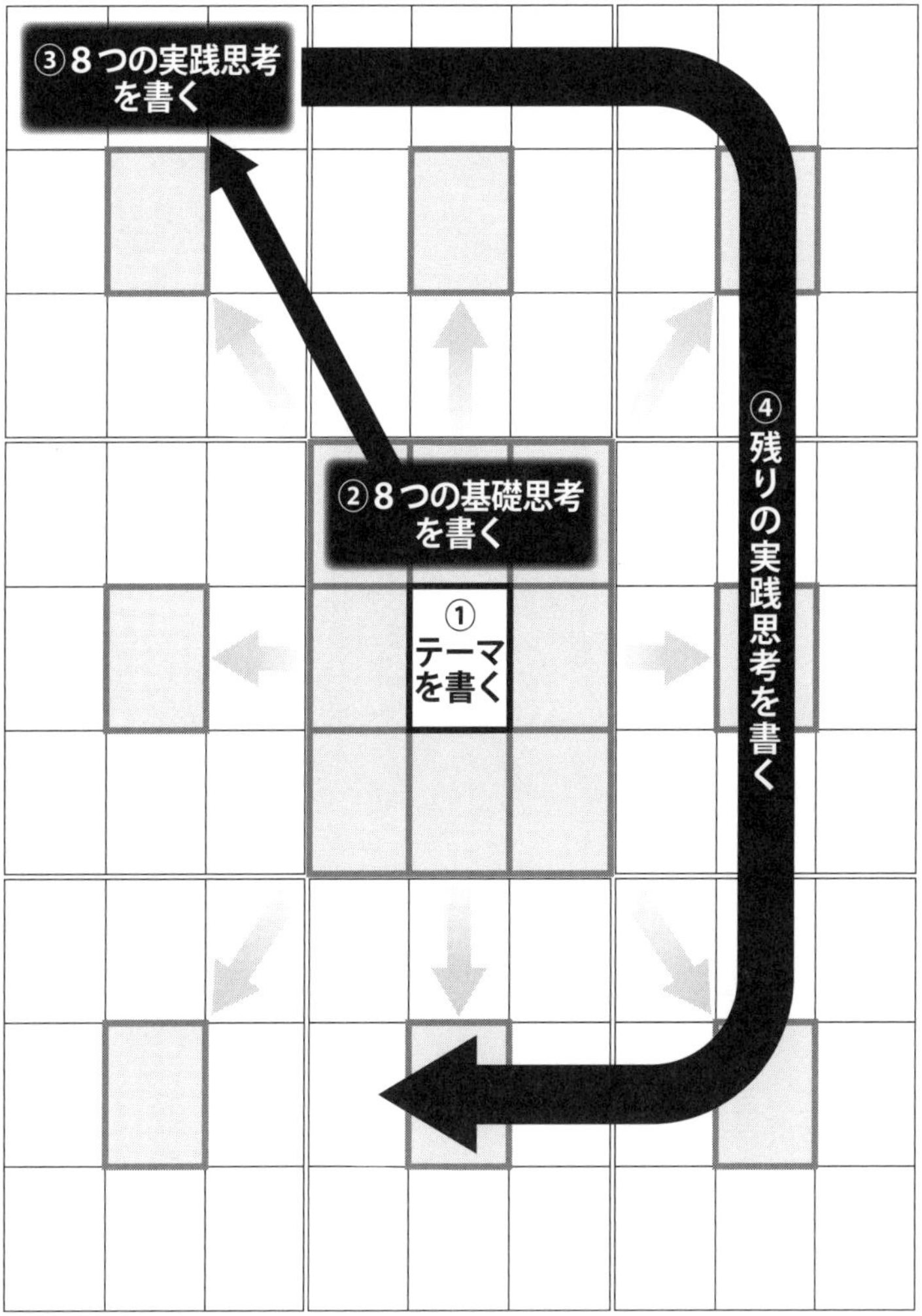

また、スポーツの場合なら「全国大会で優勝する」「日本一のプレーヤーになる」、試験勉強や受験を受ける人は「××検定合格!」という目標設定ができるでしょう。

このように、シートの中心に置くのは、誰もが挑戦できる再現性があるものを目標に落とし込んだほうが、そこから広げていった行動目標なども具体的に見えてきます。

再現性があるものとは、売上目標、資格取得、大会優勝などのほかに、収入、地位、ダイエットなど数値化しやすい目標になります。

中心に置く目標を私たちは「テーマ」と呼んでいて、あなたの人生にとって幹となるような目標です。「社会、他者・無形」という話を何度もしていますが、この土台がしっかりしていると、「私・有形」の目標はその目的へ向かうために明確になっていきますから、より行動へコミットできるのです。

いずれにしても、まずは中心にあなたの大きな夢や大きな目標を書いてみましょう。OW64のいいところは、この1枚がすべてではなく、必要ならば中心に置く目標を何枚にも分けて書いていいところです。

ですから、まずは1つ、あなたの目標とするテーマを掲げてみましょう。

【その2】中心のテーマから「心・技・体・生活」の要素を8つに落とし込む

中心に目標が書けたら、次にその目標を達成するために必要な目標や活動を、真上から8つ書き込んでいきます。

この8つの柱を**「基礎思考」**と呼んでいます。中心の目標を達成するために基礎的に必要な要素を落とし込んでいくのです。そこでこの8つの柱にできれば入れてほしい要素があります。

それは**「心・技・体・生活」**です。

心技体は武術などで使われる言葉ですが、技術だけではダメで、技術の基礎となる体が備わっていないと技術は向上しない。また、技術が向上してもメンタルが弱いと真の強さは身につけられないというものです。

また私たちは、この3つに加えて「生活」も入れています。

これは仕事や勉強、スポーツや芸術活動などの目に見える活動の裏にある私生活に着目し、生活改善をはかることで結果を出すということに気づいてもらうためのものです。この4つの要素がバランスよく配置されると目標が達成されやすくなります。

【心】……メンタルの強さ、ポジティブ思考、感情コントロール、感謝の心…など
【技】……スキルの向上、キャリア、ノウハウ、自己分析、努力…など
【体】……体力づくり（トレーニングの継続）、健康・体調管理…など
【生活】……仕事をしていないときの過ごし方、家族との過ごし方、交友関係…など

実際に会社の目標を例に出しながら説明していきましょう。

おそらく、一番わかりやすいのが会社の掲げるテーマです。

たとえば、あなたが店舗の営業部に所属しているならば、テーマには「売上を600万円にするためには」という共通テーマを書き出します。書き出していく際には、重要だと思う要素から上から時計回りに、また「心・技・体・生活」の要素ができるだけ入るように落とし込んでいきます。

すると、基礎思考の8つの柱に必要な目標は次のようになります。

【心】……チームの関係性の向上、スタッフへのメンタルサポート
【技】……販売促進、人材育成、サービスの向上、商品力のアップ
【体】……自分の体力を含めた人間力の向上
【生活】……生活面の環境整備

心の面では、関係性の向上はこれからの組織に必須《ひっす》ですし、スタッフへのメンタルサポートは常識となりつつあります。

技術面での基礎思考は、売上を上げるための目標ですから、販売力をつけなければなりません。

商品力のアップも当然でしょう。商品の魅力を引き出せれば売上も伸びていきます。また、サービスの向上はお客様のリピート率を上げるためには欠かせない要素で、それらを効率的に高めるためにも人材育成は必須です。技術は、ほかの目標においても、最もわかりやすい部分ではないでしょうか。

次に体の部分ですが、直接に体力を高めるための運動やトレーニングをしたり、体

基礎思考の８つの目標

自分の人間力の向上	販売促進	人材育成
生活面の環境整備	「テーマ」売上600万円にするためには	サービスの向上
チームの関係性の向上	スタッフへのメンタルサポート	商品力のアップ

調維持のためのセルフマネジメント力を含めた力も人間力です。そのため、人材育成はなくてはならないものです。そのように考えると、ただ単に「売上を上げろ！」という、昔ながらの管理型・号令形式にはならないはずです。

そして、生活では会社、個人を問わず環境を整備するという目標を掲げています。

以上のように、基礎思考では8つの柱に「心・技・体・生活」の要素がバランスよく入るように目標を立てていくとベストです。

8つのマスに「心・技・体・生活」をバランスよく落とし込む

8つの基礎思考にはその人の本質的部分が出てきます。基礎思考では「心・技・体・生活」のバランスが大事で、注意をしないとどうしても技術面だけを追い求めがちになります。

「ミス・インターナショナル日本代表」を目指す、すでにノミネートされた女性20名にOW64を書いてもらったのですが、ミス・インターナショナルになる人というのは、立ち居振る舞いや表情のつくり方、ウォーキングといった技術的な面が優れているだけでなれるものではありません。

にじみあふれる知性や教養といった、目に見えない部分が醸《かも》し出されてこそ、本当の美が生まれます。しかし、そうはいっても知性や教養といった部分は審査員も感じる部分であって、これを目標にしても評価基準は曖昧です。

ですが、心や生活を8つの基礎思考に取り入れた目標を書いた人が、見事ミス・インターナショナル日本代表に輝いているのです。

次ページのOW64を書いたのは、2016ミス・インターナショナル日本代表に輝いた山形純菜さんという方で、書き方の概要だけ説明されて、あとは自由に書いてもらったのですが、「心・技・体・生活」がバランスよく描かれています。

ミス・インターナショナルで日本代表になりたいという目標を中心に置いて20人の受講生が書き始めたとき、基礎思考の要素が、だいたいウォーキング技術を書いて、

2016ミス・インターナショナル日本代表、山形純菜さんの基礎思考

美しく、格好良いウォーキング	日本語はもちろん英語も	美しい姿勢を保つ	言葉遣い	ポジティブに考える	自分自身に負けない	姿勢を良くする	アナウンス技術を修得する	身体をひきしめるためトレーニングをする
私の得意な料理、掃除を極める	**技術**	人が聞きたくなるような話し方	美しい物を見て心を豊かにする	**内面**	沢山の人と接して、沢山の知識を得る	料理がもっと得意になるように沢山料理する	**努力**	英語を少しでも話せるようにする
アナウンサーのような滑舌	沢山の人と関わりをもてるようなコミュニケーション能力	日本人らしい女性らしい特技を身に付ける	人や場所ここにいれることに感謝する	悔しくてもすぐ泣かない（泣き虫脱却）	優しく強い心を持つ	学校、モデル、バイト、サークルどれも充実させる	規則正しい生活をする	沢山の物と触れ合う
日本の良さを再発見するため日本らしさを日常から探し出す	日本だけでなく世界の状況を知る	世界情勢について新聞などのメディアを使って調べる	**技術**	**内面**	**努力**	両親に輝いている姿を見せること	アナウンサーになること	管理栄養士の資格をとること
今まで興味が湧いたことないものに挑戦	**視野**	大好きな料理やスポーツなど詳しい事象をさらに極める	**視野**	**2016ミス・インターナショナル日本代表になる！**	**夢**	東京オリンピックに関わること	**夢**	世界的に有名になる
世界の美しい女性の生き方を調べる	私がどう活躍すれば、していけば良いのか深く考える	普段の固定観念にとらわれず、違う視点で物事をとらえてみる	**感謝**	**外見**	**自己分析**	地元岩手県を活性化する	沢山の国に行き、沢山の文化に触れる	マルチで活躍できる女性になる
いつも厳しくも優しく、私の成長を見守ってくれている家族	私の元気の源側で支えてくれている親友	明るくて、嫌なことも忘れさせてくれるくらい楽しい友達	身だしなみ	肌の調子	髪のケア	自分の長所を50個あげる	自分の短所を50個あげる	自分がいつ感動するのか考える
心優しく、夢に向かって向上心高いインターのファイナリストのみんな	**感謝**	ミスインターナショナルの出場を後押ししてくれたサークルメンバー	メリハリのある身体	**外見**	ほどよい筋肉	自分が何に興味を持っているのか考える	**自己分析**	自分の強みを覚える
ミスインターナショナルの伝統を築いて下さった国際文化協会の皆様	ミスとしてふさわしい女性になれるよう指導して下さった皆様	女性が輝ける場所があること自体に感謝（平和なところ）	身長が小さいので大きく見せる努力	腕が長いのをアピール	チャームポイントである目と鼻	自分を表す一文字などを考える	個性を大切にする	直観を大事にする

メイクの仕方などスキルばかり書いて終わってしまう人が多かったのです。

こういったビューティーの世界では、内面と外面の両方が大事と教えているのですが、外面ばかり書いてしまいます。しかし、**内面も磨こうという人のほうが目標の達成率が高い**のです。

結果的に、優勝、準優勝、3位までに入った人は、必ず基礎思考のバランスがよく、こうした心の面を磨くと、目標達成に必要な資質が備わってきます。

山形さんの基礎思考を見ると、一番大切なテーマの真上のマスに「内面」とあり、「技術」は一番最後のマスに書かれています。

そのほか、「夢」「感謝」「視野」など、一見するとミス・インターナショナルに必要ないのではないかという要素が書かれています。

しかし、実は人生においてこの部分が大事なのです。

なぜ人生において大事なのかというと、その先の64マスの中に秘密が隠されています。この部分はあとで詳しく説明しますが、彼女の場合、ミス・インターナショナル日本代表という目標の先に、アナウンサーになるという、もう1つ大きな目標がありました。

その夢も見据えた具体的な行動目標が64マスに書かれていたのです。「アナウンサー技術を習得する」「アナウンサーになること」「世界情勢について、新聞などのメディアを使って調べる」など、彼女にとって、こういった要素もミス・インターナショナル日本代表になるうえで必要なことだったのです。

実際に山形さんは来年の春からアナウンサーとして内定が決まっています。ミス・インターナショナル日本代表とアナウンサーという両方の目標を、この1枚のシートで達成してしまったのです。

こうした事実からも、基礎思考に「心・技・体・生活」をバランスよく落とし込むことが大切なのかがわかります。

「心・技・体・生活」の中で重要なのは生活

私たちが企業研修で休み時間などによく相談を受けることがあります。

何の相談かというと、多くは家庭での問題です。子どもに夢がない、家庭で親の言うことを聞かない、いじめに合っているかもしれない、学校に行かないなどです。

結局、私生活が充実していなかったら元気が湧いてこないので目標は達成できません。家庭に問題を抱えていては、プラスの感情を選択できる状況ではないですし、職場でもマイナスの感情になってしまうので、目標も達成できないばかりか、人生においてもうまくいきません。

仕事と表裏の関係にある私生活。私生活とは快適な生活をしながら、要は感情がプラスの選択をできるような癒《いや》し、マインドを育成できる場所なのです。

私生活が充実すると、仕事も充実するようになります。

心とは何かと言ったらメンタルトレーニング。技はテクニカルトレーニングやOJ

T。体はフィジカルトレーニング。そして、私生活とはライフスキルトレーニングです。

世の中には人の能力を高めるためのトレーニングが4つあります。この4つをバランスよく高めていかないと、本当の意味での目標達成はあり得ないということなのです。

私たちがアンケート調査を取った結果、ハイパフォーマーと呼ばれる高い結果を出せるスポーツ選手や経営者に、この4つに優先順位をつけてもらったところ、上位5%の経営者やリーダーはメンタルを最初に挙げる方が多いのです。あのイチロー選手も1位がメンタルで、2位が生活だと言っています。

また、若い新人ですと技術の優先順位が高くなり、年齢が高くなるにつれて体力が高くなります。これは当然の結果で、やはり若い人にとってはスキルを向上させることは必須ですし、年を取るにつれて体力や健康管理が重要になってきます。

ですから自分自身、いま何が一番重要なのかを念頭に置きながら、「心・技・体・生活」のバランスを取ってください。

しかし、最終的なゴールを達成した成功者たちの優先順位は過半数が心と生活を大切にしています。

たとえば、心の部分が50パーセントで、生活の部分が30パーセントという社長がいました。おそらく本能的にこの2つが大切だということがわかっているのです。私が8つの基礎思考に「心・技・体・生活」を入れていただきたいというのは、先人たちの人生の目標達成が示しているからなのです。

【その3】目標達成のために実践する具体的な行動目標を書く

8つの基礎思考の目標ができたら、次にそれぞれに合った行動目標を実践思考で考えていきます。

実践思考も8つありますが、より具体的に行動すべき事柄を考えて落とし込んでいきます。

102ページの基礎思考の中の技術の部分「販売促進」と心の部分「チームの関係性の向上」について実践思考の立て方を考えてみましょう。

まず「販売促進」は、この目標の達成のためにやるべき行動目標を立てます(113ページ参照)。たとえば、

- Aエリアで毎日ポスティングを200枚行う
- 毎日街頭でチラシを100枚配る
- DMを月初に5000通発送する
- フリーペーパーに月末までに広告を掲載する
- レジの横で毎回パンフレットを配布する
- 電話営業を午前中に毎日20件行う
- 企業訪問を午後に毎日5件行う
- ご予約いただいたお客様へ、毎日お礼状を書く

とくに実践思考では、数字、期日など具体的な定量的目標に落とし込んでいきます。

これを「期日行動」と言います。もう1つがルーティン行動で、日々や定期的に繰り返すことで成果を上げる行動を言います。それらのルーティン行動が毎日できたかどうか○×で判断していきます。

つまり、テーマ「売上600万円にするためには」➡基礎思考「販売促進」➡実践思考「Aエリアで毎日ポスティングを200枚行う」と順に落とし込まれたことになります。

では、心の部分である「チームの関係性の向上」についてはどうでしょうか。心の部分の実践思考を考えてみましょう。（115ページ参照）。たとえば、

- 毎朝、部下5名と目を合わせて元気よく挨拶をする
- 毎日、午後一番で部下の日誌に目を通す
- 部下と家族の誕生日には贈り物をして祝う
- 日誌の記述の中で、良かったものを取り上げ、翌日の朝礼でみんなの前で褒める
- 部下の日誌に「ありがとう」を3個以上書く

［例］販売促進の実践思考

ご予約いただいたお客様へ、毎日お礼状を書く	Aエリアで毎日ポスティングを200枚行う	毎日街頭でチラシを100枚配る
企業訪問を午後に毎日5件行う	販売促進	DMを月初に5000通発送する
電話営業を午前中に毎日20件行う	レジの横で毎回パンフレットを配布する	フリーペーパーに月末までに広告を掲載する

●欠席や早退した仲間がいれば、メールと電話で必ず見舞いをする
●毎朝、10分間のチェックイン（職場内で、全メンバーが自由に言いたいことを話せるミーティングのようなもの）を継続する
●月末までに、部下と会食面談を完了する

これは私と他者、すなわち部下との職場におけるコミュニケーションの向上について書かれています。

「毎朝部下と元気よく挨拶をする」「午後一番で日誌に目を通す」「良かった内容を翌日の朝礼で褒める」「ありがとうを日誌に3個以上書く」「毎朝10分間のチェックインを継続する」は、繰り返し行う「ルーティン行動」になります。

また「部下とその家族の誕生日には贈り物をして祝う」は誕生日をカレンダーに記入し、その日に贈り物を準備したり発送したりするので、「期日行動」として表現することができます。

「月末までに会食面談を完了する」は毎月末日に設定する「期日行動」になります。

また、日誌に「ありがとう」を3個以上書くというのは、「感謝の心」で、たとえば、

[例]「チームの関係性の向上」のための実践思考

月末までに、部下と会食面談を完了する	毎朝、部下5名と目を合わせて元気よく挨拶をする	毎日、午後一番で部下の日誌に目を通す
毎朝、10分間のチェックインを継続する	**チームの関係性の向上**	部下と家族の誕生日には贈り物をして祝う
欠席や早退した仲間がいれば、メールと電話で必ず見舞いをする	部下の日誌に「ありがとう」を3個以上書く	日誌の記述の中で、良かったものを取り上げ、翌日の朝礼でみんなの前で褒める

経営者で大投資家の竹田和平さんなどは、どんなときでも「ありがとう」を忘れないということをおっしゃっていました。まさに感謝の気持ちはその人自身と職場の他者との関係性の向上には必要不可欠な要素でしょう。

ですから、「感謝の心」を表すなどは、職場で欠かせない実践思考から生まれる行動なのです。

実践思考の行動目標に「期日」を設定する

実践思考とは、言い換えれば「期日行動」と「ルーティン行動」です。

期日行動とは、中心のテーマの目標に向かって、いつ、何を行うのかを日を決めて実行する行動ですから、**いつまでにという期日をしっかり落とし込むことが必要**です。

これはなぜでしょうか。

たとえば、心や人間性を磨くために「トイレ掃除をする」だけでは弱いのです。「私は、職場の仲間と、12月31日の終業後、トイレを大掃除する」というように、誰が、いつ、どこで、何をするかということを具体的に設定し落とし込んでください。

こうした具体的な期日行動が明確になればなるほど、成功へのプロセスも鮮明に見えるようになり、モチベーションが高まり、目標達成に近づくからです。

ただ、注意していただきたいのは、こうした決め事は、初めは実行するのにかなり強い意志が必要なため、あまり無理な期日行動を書くと、かえって自分自身を追い込んだり、やる前からおじけづいたりします。また、逆にそこから逃げたくなってしまい、結果的に行動しなくなってしまいます。脳の拒絶反応だと解釈してください。

ですから、実践思考で期日行動を落とし込むときは、自分からできる範囲の無理のないものから設定してください。

また、営業数字や順位を競うような数字が明確になった目標については、期日行動も数字の入った行動を設定して落とし込むと、より成果が実感できます。

たとえば、基礎思考に「健康の増進」というキーワードを入れたら、実践思考に「3ヵ月で体重を5キロ落とす」「毎朝、6時からランニングし、月末までに30キロ走る」「今週末、７日に新しい体重計を購入する」と具体的に数字を書き込むことにより、その成果が測れるので、「３ヵ月」「30キロ」「７日に」など具体的に５Ｗ１Ｈで落とし込むとますます効果的です。

また、「人間力」や「感謝」というキーワードを入れたら、実践思考には、「夜寝る前に５分間瞑想する」「毎朝、最低３人の上司・同僚に感謝の気持ちを込めて挨拶をする」などが想定され、５Ｗ１Ｈで具体的に書いたほうがこちらも実践的です。そうした具体的な行動の積み重ねがあなたの人間力や運を高めていきます。

こうした数字を実践思考の行動目標に掲げるのは、先ほども言ったように強い意志が必要なのは間違いありません。

数字にコミットできるということは、**あなたが目指す中心のテーマ、つまり、一番達成したい目標に対して強い意志を持っている**ということです。そして、その覚悟が定まってきていると見ることもできます。

大谷選手にしても山形さんにしても、絶対に「ドラフトで８球団から指名される」「ミス・インターナショナル日本代表になる」という本気で目指す目標が設定できているからであって、結局、一番重要なのは中心に書いた目標（＝テーマ）とも言えるのです。

ですから、５Ｗ１Ｈで実践行動を考えるときは本来、中心の目標にも期日があることが必要なのです。

大谷選手や山形さんの中心の目標には期日が書かれているわけではありませんが、ドラフトの日、ミス・インターナショナル最終選考の日付は決まっています。つまり、彼らはその日に向かって目標を掲げているということです。

私たちが企業研修やプロのコーチングで目標を設定してもらう場合は、「○月○日までに、○○する」というように、期日を明らかにしたうえでシートに落とし込んでもらいます。

すると、最終的に実践思考の目標に落とし込んでもらったときにも、必然的に数字の入ったものになっていくのです。

そのように考えていくと、ＯＷ64は人間の自然な思考にかなったメソッドであり、このシートは、あなたの人生においての原理原則にかなった思考方法なのです。

実践思考の行動目標をルーティン化すること

実践思考で目標に対して行動するうえで次に大切なことは、行動をルーティン化することです。

ルーティン化とは、無意識のうちにそれを行えるようにすることで、言い換えれば**「習慣化」させる**ということです。

人が無意識のうちに行動できるようになるには、最初は意識するしかありません。ですから「原田式ルーティンチェック表」（第5章）を毎日眺めて、先ほど説明したように、行動できたのかを毎日○×を付けてチェックし、すべてを○にしていくことです。

私たちが研修で行っているのは、これを14日間チェックし、14日間すべてに○が入れば習慣化したとみなしています。人が習慣化できるようになるまで、通常は3週間程度かかると言われていますが、私は2週間を1つの目安としているのです。

意識しながら行っていたルーティン行動が、無意識にできるようになったとき、いままでの継続が本物の力として一気に開花します。これは2次方程式の曲線のようなもので、ある一時期を過ぎれば曲線がグンと伸びるようになる、そのイメージで取り組むといいでしょう。

とくに技術を獲得する目標に対しては、ルーティンによる繰り返しの効果を実感できるはずです。多くのルーティン行動を習慣化することを続けることにより、あなたのパフォーマンス自体が変わってくるはずです。

大谷選手がすごいのは、技術の目標に対してはすべてがルーティン化され、日々休まず継続しているということです。

しかも、それを子どもの頃から継続しているわけですから、結果として誰にも真似《まね》できない大きなパフォーマンスが発揮できるわけです。

現在では監督、コーチから休息も必要だと言われているようですが、大谷選手にしてみれば、休んでやらないと気持ち悪いくらいに感じているはずです。

しかし、多くの人が継続することの大変さを感じていると思います。ですから、続けられる仕組みと、すぐに忘れることがないような仕組みのあるルーティンチェック表とともに行動を設定してください。

ルーティンチェック表の仕組みに慣れてくるとＯＷ64を眺めているだけで行動が継続できたり、ルーティン化できるようになってきます。それはあなたの頭の中に、想像上のルーティンチェック表がイメージとして存在し、ＯＷ64を眺めるだけで日々継続するルーティン行動が明確に見えてくるからなのです。

ＯＷ64に書かれたテーマであるあなたの目標は、自分のことだけではない、他者や社会のためにも叶えたい目標ですから、その時点でモチベーションも高まっており、おのずと行動につながっていくのです。

「応援してほしい人」と「支援されたい内容」をイメージする

実践思考での行動設定の３つ目のポイントは、「あなたを助けてくれる人が喜ぶこと」です。

あなたを助けてくれる人というのは、あなたの応援者です。あなたの目標達成のためには、実は**あなたを応援してくれる人がどれくらいいるか**でも決まってきます。

そのためには応援してくれる人を喜ばせることから始まります。人は社会や他者へ無心で奉仕や貢献している人の姿や活動を目にすると感動します。感動させるためにやるのではなく、自分の意志で奉仕活動や清掃活動を行うのです。すると、周りの人たちは次第にあなたに注目し、あなたを理解しようとし、応援者になってくれます。

では、応援されるためには何をすればいいのでしょうか。

また、どんな行動を取ればいいのでしょうか。

その行動は結果としてあなたの人間力（知的能力、対人関係力、自己制御力）を高めることにつながっていきます。人間力を磨くとは、周りの人から信頼される人物に近づくということです。

人間力を磨くというのは一朝一夕にできることではありません。毎日の積み重ねでしか築くことはできません。そのためには「社会、他者」への目標設定が必要で、基礎思考を考えるときの大切なコツでもあります。

あなたの夢や目標を達成するために、どれくらいの応援者が必要でしょうか。応援してほしい人を探してみてください。そして、その人たちも幸せになるような行動目標を立ててください。

目標はけっして1人で達成できるものではありません。周りの人を助け、助けられてこそ「私・有形」「社会、他者・無形」の両方の目標を達成できるのです。

あなたを応援してくれる人の力が目標達成を加速させる

優秀なプロスポーツ選手や、世界を股《また》にかけて活躍する芸能人にOW64を書いてもらい、彼らのサポートチーム（応援者）と一緒にOW64の効果的な使い方を実践したことがありました。

その結果、それぞれの64個の実践行動を個別にサポートする体制が出来上がったのです。

どういうことかというと、その人のOW64をサポートチームが眺めて、実践行動の中で自分がサポートできるものにどんどん手が挙がっていったのです。つまり、その人の目標達成のために、サポート側が専門(得意)とする事柄を全面的にサポートし、目標達成へより早く到達する体制をつくり上げるというものです。

これにより、スポーツ選手や芸能人が一気に開花するのを目《ま》の当たりにしました。

OW64を使ったとても面白い効果的なやり方です。

たとえば、大谷選手の場合で言えば、世界最速の球速を投げるための専属の技術コーチ、メンタルを鍛えるためのメンタルトレーナー、体力アップのためのフィジカルトレーナー、食事や生活をサポートするライフスキルコーチ等が一堂に集まり、全員で協働して「大谷選手を世界一のプロ野球選手にするため」に全面的にバックアップするというような感じです。

応援メンバー全員が合意し、納得したあとに、64個すべての担当責任者を決めて、実行計画をつくります。それを全体で1枚にまとめ、未来に掲げ、行動確認をしながら進むと、これはものすごくレベルの高い目標を手に入れる可能性があります。**応援者の力ははかり知れません。**まだまだ未知の能力を開花させるための私からの1つの提案です。

書く時間は気にせず、具体的に書くことを目指す

ＯＷ64を書くのに、いったいどれくらいの時間がかかるでしょうか。

８×８＝64マスありますので、何時間もかかるのではないかと考える人もいるかもしれません。たしかに、基礎思考の８つの柱を考えるのには時間がかかるでしょうし、それをどう行動目標に落とし込むかという実践思考も、数字的なものも入れれば１つの柱で10分以上かかるという人もいるのではないでしょうか？

私たちが研修でＯＷ64を受講生に書いてもらう場合、だいたい60分程度の時間をかけています。もちろんシートの簡単な書き方の説明（今回の本のように概念まで解説

していません）をして、あとは自由に書いてもらいます。

研修の場合、ある程度の時間がありますから、最初は書き方だけ理解していただき自由に書いてもらうのです。それから、第2章で述べた「社会、他者・無形」や「未来の目的・目標の4観点」の考え方などを説明してから、再度もう一度書いてもらうことがあります。

すると、最初に書いたものとまったく違うものができますから、受講生はかなり驚くことになります。それと同時に、2回目に書いたシートを見て、実際に基礎思考の柱や実践思考がより鮮明になっていきます。

あなたがこのシートを書き込む場合、すでに目標の考え方などが頭に入っていますから、中心のテーマから8つの基礎思考までで20分、実践思考の1つの項目が5分×8個で40分。合計60分もあればしっかりしたものが書けるはずです（次ページ参照）。

もう少し急ぐ場合は、実践思考の5分を半分の2分30秒くらいにして、全体で30〜40分で書きます。

ただし、各マスにどう表現していくかで行動への深みが変わってきます。基礎思考

OW64記入の時間設定（60分）

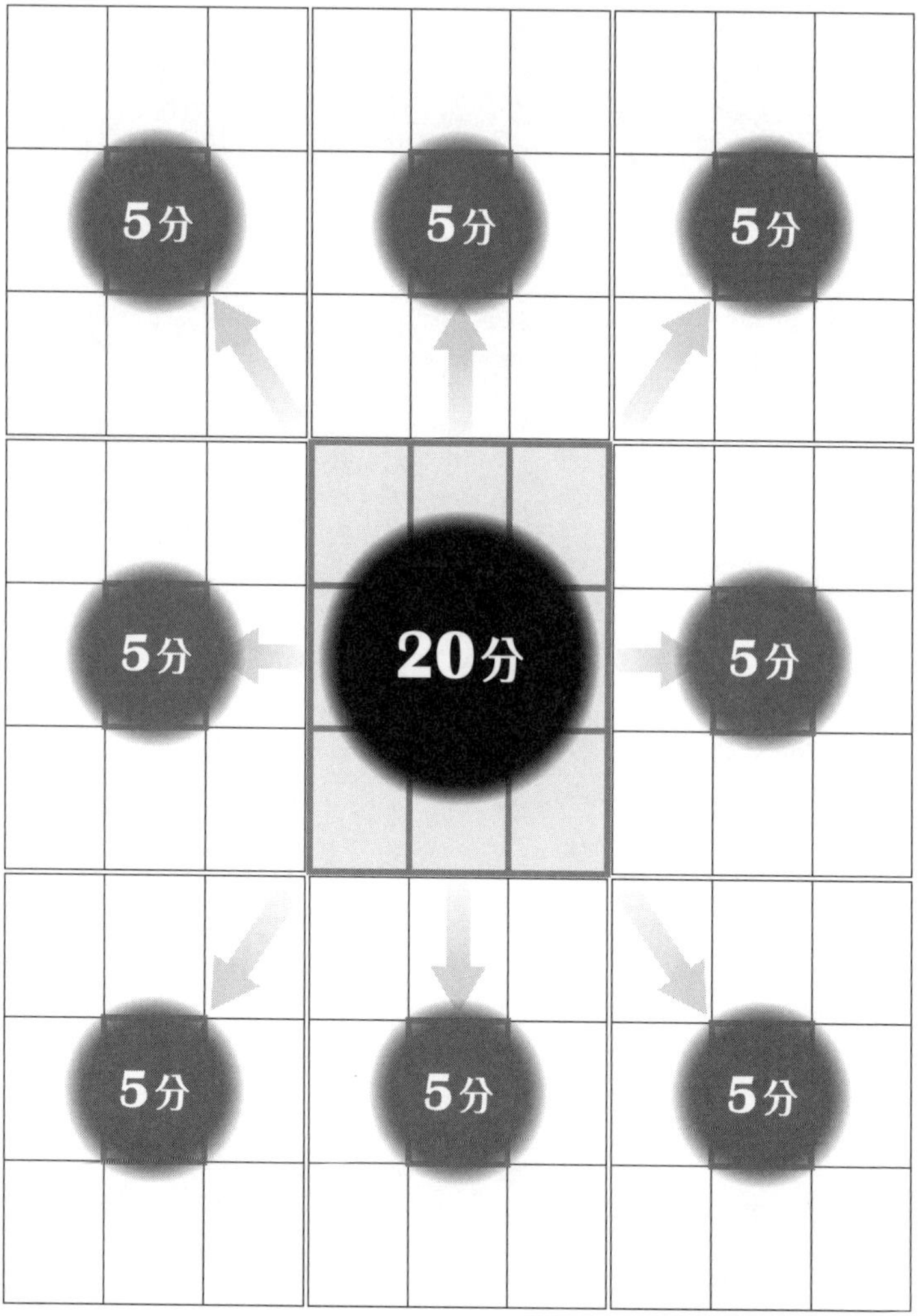

の書き方で例に挙げた山形純菜さんのシートをもう一度見てみましょう（次ページ参照）。今度は実践思考の部分をよく見てほしいと思います。

先ほどは基礎思考に「心・技・体・生活」が備わっているという話をしましたが、彼女の実践思考の部分が素晴らしいのは、文字数が多いことです。とくに「夢」「自己分析」「感謝」「視野」という心の目標に関してはやるべきことが具体的です。

しかも、このときはOW64の書き方だけをレクチャーし、「心・技・体・生活」をバランスよく書きなさいというような説明をいっさいしないで、初めて書いてもらったのです。

たとえば、自己分析では「自分の長所や短所を50個あげる」「自分を表す一文字などを考える」、感謝する人では「いつも厳しく優しく、私の成長を見守ってくれている家族」「明るくて、嫌なことも忘れさせてくれるくらい楽しい友達」「心優しく、夢に向かって向上心の高いインターのファイナリストのみんな」、視野では「世界情勢についいて新聞などのメディアを使って調べる」「普段の固定概念にとらわれず、違う視点で物事をとらえてみる」など、マス目いっぱいに書き込んでいます。

このとき、ミス・インターナショナル日本代表の最終選考に残った20名全員がOW

2016ミス・インターナショナル日本代表、山形純菜さんの実践思考

美しく、格好良いウォーキング	日本語はもちろん英語も	美しい姿勢を保つ	言葉遣い	ポジティブに考える	自分自身に負けない	姿勢を良くする	アナウンス技術を修得する	身体をひきしめるためトレーニングをする
私の得意な料理、掃除を極める	**技術**	人が聞きたくなるような話し方	美しい物を見て心を豊かにする	**内面**	沢山の人と接して、沢山の知識を得る	料理がもっと得意になるように沢山料理する	**努力**	英語を少しでも話せるようにする
アナウンサーのような滑舌	沢山の人と関わりをもてるようなコミュニケーション能力	日本人らしい女性らしい特技を身に付ける	人や場所ここにいれることに感謝する	悔しくてもすぐ泣かない(泣き虫脱却)	優しく強い心を持つ	学校、モデル、バイト、サークルどれも充実させる	規則正しい生活をする	沢山の物と触れ合う
日本の良さを再発見するため日本らしさを日常から探し出す	日本だけでなく世界の状況を知る	世界情勢について新聞などのメディアを使って調べる	**技術**	**内面**	**努力**	両親に輝いている姿を見せること	アナウンサーになること	管理栄養士の資格をとること
今まで興味が湧いたことないものに挑戦	**視野**	大好きな料理やスポーツなど詳しい事象をさらに極める	**視野**	**2016ミス・インターナショナル日本代表になる！**	**夢**	東京オリンピックに関わること	**夢**	世界的に有名になる
世界の美しい女性の生き方を調べる	私がどう活躍すれば、していけば良いのか深く考える	普段の固定観念にとらわれず、違う視点で物事をとらえてみる	**感謝**	**外見**	**自己分析**	地元岩手県を活性化する	沢山の国に行き、沢山の文化に触れる	マルチで活躍できる女性になる
いつも厳しくも優しく、私の成長を見守ってくれている家族	私の元気の源側で支えてくれている親友	明るくて、嫌なことも忘れさせてくれるくらい楽しい友達	身だしなみ	肌の調子	髪のケア	自分の長所を50個あげる	自分の短所を50個あげる	自分がいつ感動するのか考える
心優しく、夢に向かって向上心高いインターのファイナリストのみんな	**感謝**	ミスインターナショナルの出場を後押ししてくれたサークルメンバー	メリハリのある身体	**外見**	ほどよい筋肉	自分が何に興味を持っているのか考える	**自己分析**	自分の強みを覚える
ミスインターナショナルの伝統を築いて下さった国際文化協会の皆様	ミスとしてふさわしい女性になれるよう指導して下さった皆様	女性が輝ける場所があること自体に感謝(平和なところ)	身長が小さいので大きく見せる努力	腕が長いのをアピール	チャームポイントである目と鼻	自分を表す一文字などを考える	個性を大切にする	直観を大事にする

64を書いたのですが、山形さんのシートが圧倒的に具体的に書かれていました。ほかの人たちが「ウォーキング」や「メイクの仕方」など技術ばかりが書き込まれている中、彼女は「心・技・体・生活」がバランスよく書かれていて、しかも、このように具体的に文字がびっしりと埋められていたのです。

おそらく山形さんは、常日頃から夢や目標を考えていて、具体的に行動すべきことが見えていたのだからかもしれません。

こういった差が、ミス・インターナショナル日本代表を勝ち取ったという最終的な目標達成に表れてくるのです。実際に準ミス・インターナショナルと3位に輝いた女性のＯＷ64も素晴らしいものでした。

つまり、このシートに**実践すべき行動目標がはっきり見えている人こそ、目標を達成しやすい**ということがおわかりいただけるのではないでしょうか。

付せんを使って効果的にシートをつくる方法

ＯＷ64の書き方として、付せんを使った方法もあります。

これは私たちが研修で行っているやり方で、基礎思考や実践思考を考えるときに、とにかく必要な目標をランダムに付せんに書き出して、８個以上出てきた目標の中から全員でブレーンストーミングをして、テーマに最も必要な基礎思考を８個、その基礎思考に最も重要と思う実践思考を８個、スタッフ全員で付せんの中から選び出すという方法です。

この場合はかなり時間をかけてやりますが、事前の準備段階として、まずは参加者全員が個人でＯＷ64を書いて集まります。８個の基礎思考、実践思考とともに参加者からそれぞれがいいと思う何枚かを提出し、リーダーが付せんを並べます。そして、その数が多いものこそ、会社やチームが目指すべき目標ということがはっきりします。それをシートに埋め込んでいくのです。

このやり方は、とくに企業やチームで1つのシートをつくり上げるときに効果を発揮します。なぜならば、**シートづくりを通して、スタッフ全員の共通理解を得ることができる**からです。言い換えれば、こうした作業を通じて共通の目標が明確になり、やるべきことのベクトルが一緒になるのです。

これは個人にも応用できます。

まずは付せんに基礎思考を書き込んで、8個以上書いた付せんの中から、中心のテーマの基礎となる重要な目標を選び出します。その8個が決まったら、次はその基礎思考それぞれに対する実践思考を付せんに書き込んでいきます。同じように、8個以上の目標の中から、行動すべき優先順位の高いものを選び、マス目に貼《は》っていきます。

そして、出来上がった全体を眺め、バランスを考えながら最後に書き出して余った付せんを見比べて必要ならば貼り替えていきます。こうすれば、何度も消す必要もありませんし、自分に最もふさわしい目標シートが完成します。

次ページのOW64は、実際に歯科医院のスタッフが研修でつくったシートです。

ステーション歯科の付せんを使ったシート
—〈実物〉—

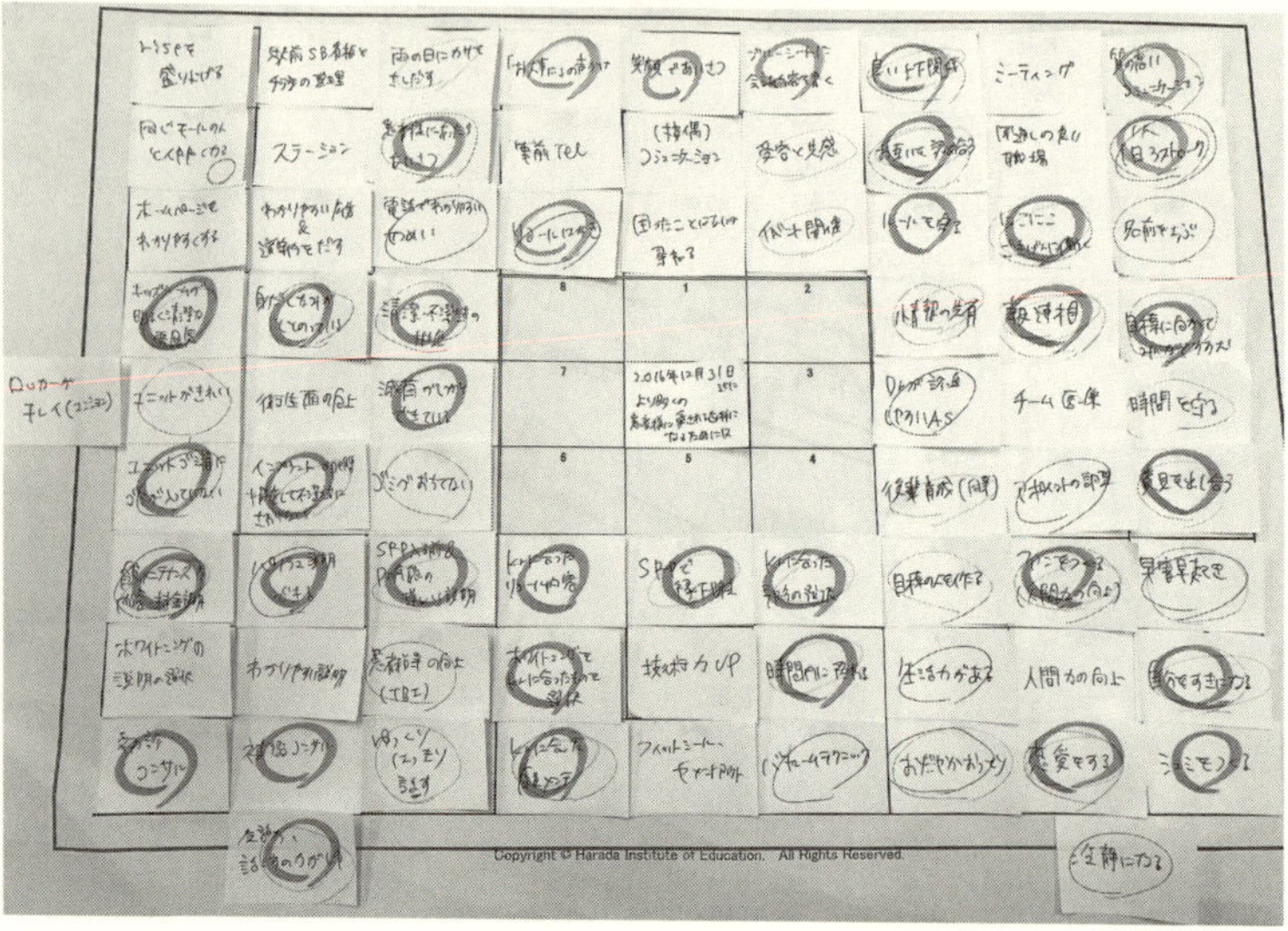
Copyright © Harada Institute of Education.　All Rights Reserved.

このときは、「２０１６年12月31日までに、より多くの患者様に愛される歯科医院になるためには」というテーマでスタッフ全員が参加して始めました。

基礎思考の８つの柱はあらかじめ決めておいて、スタッフ１人に１つの実践思考を集中して、突き詰めて考えてもらいました。そして、できるだけたくさん付せんに書いてもらいました。

次に、各人が書き上げた実践思考をＯＷ64に貼り込んで、スタッフ全員順に回してもらい、同意する目標の付せんに◯をつけてもらいます。逆に、この目標はどうも出来が悪いと感じたものは、シートからはがして欄外に置いていきます。

そうして、◯が多かったものは実際に実践思考の目標としていき、現場にとって優先順位の高い行動目標が８個出来上がります。

つまり、この作業を通じて、スタッフの目標のコンセンサスが取れたということになるのです。とくに実践思考は現場のスタッフが実際に行動していく目標ですから、全員が同意してコンセンサスが取れていないと、行動へと向かわなくなってしまいます。

このように、目標を組織でＯＷ64に落とし込むときは、付せんを使った方法が効果的です。

個人で付せんを使ってＯＷ64を書き込むときも、同様に基礎思考の目標を行動するために優先順位の高いものから、1、2、3……と付せんの横にメモしていき、シートの順番に貼りつけてみて、一度それを眺め返してみてください。

そして、それが間違いないと確信したら、清書してシートに書き込んでください。人によってはこちらのほうが時間がかからず効率的な場合もあります。一度試してみてください。

書けなかったマスや空白はあなたの成長ポイント

この章では、これまでにＯＷ64の書き方を中心にお話ししてきました。

最後に1つだけ加えるとしたら、時間もそうですが、8マスすべて埋まらなかった場合です。すべてのマスに書かれていないと完璧《かんぺき》な行動目標設定にならず、達成もできないのではないかと心配する人もいるかもしれません。実際に、1時間で書きなさいと言われると逆にプレッシャーになって、書けない部分が出てきてしまうという人もいます。

そういったときは、私たちはその人に対して「空白があって良かったじゃないですか」と、逆に褒めてあげます。なぜかというと、その空白は、**その人の成長ポイントでもある**からです。

言い換えれば、ここが足りないという己の弱点を空白が言ってくれているようなものです。第2章で感情のアナウンスキーワードという話をしました。書くという作業は、そのときにどう表現していいかわからないといったこともあります。また、その目標部分が自分にとって重要であるがゆえに、あれもこれもという思いが出て、1つのマスにまとまらないという場合もあるでしょう。

そういったときには、空白のままにしていったん作業を終了します。いわゆるシートを寝かした状態でいいのです。その代わり、そのテーマに関しての書籍を読むとか、成功している身の回りの人に聞いてヒントを得るなどの活動をして、答えが出たときに書き足せばいいのです。

これがその人の成長ポイントなのです。

ですから、シートを完璧に書けなくても心配する必要はありません。自由に表現してこそ自分を前向きにし、行動へ変えていくのがこのシートのもう1つの目標でもあるからです。

また、一気に書いたシートでも、いったん寝かせて翌日に読み返してみることもいいことです。読み返してみたら、無理にアウトプットし、なんて幼稚なことを書いていたんだ、恥ずかしいと思ってもＯＫです。

その際は、時間内に書いたという達成感を感じて、あとで書き直せばいいだけです。目標設定も古くなれば腐っていきます。ＯＷ64は、言い換えれば哲学だと思っていますから、あなたが成長すれば8つの基礎思考の柱も成長しますし、実践思考の行動目標も成長します。

目標設定とは、常に進化を遂げる生ものであると思ってください。

第4章

［事例］達成力を高めてくれる「知恵」

人の書いたシートから目標達成力は高められる

この章では、実際に書かれた「オープンウィンドウ64（OW64）」の事例を見ながら、どんな目標を立てて、どんな基礎思考、実践思考を書き込んでいるか、あなたの目標の立て方の参考にしてほしいと思います。

また、このシートでさまざまな夢や目標が落とし込めることを知ることで、1枚といわず、それぞれの目標を立てて、自分に合ったようにカスタマイズができます。さらに、このシートは個人の目標達成だけではなく、企業などの組織でも使えたり、内容をインプットする際にも活用できます。事例を見ながら、「こんな使い方もできる」と感じて、実際に応用していただければと思います。

今回紹介するOW64は、ほんの一例にすぎませんが、およそ次のようなことに使われています。

●明確なゴールのある目標を達成する
●スポーツでチームや個人の目標を達成する
●ミス・インターナショナルという特別な世界で目標を達成する
●会社で１つの目標を達成する
●会社の理念、ミッションを見直す
●研修や講演などの内容をインプットする
●教育で学力向上などの学校改革を達成する
●教育問題を克服するための行動を考える
●自分のなりたい姿、夢を叶える
●外国語で書かれたＯＷ64

ＯＷ64は、他人のシートを参考にしながら、使えるものは自身の目標に落とし込むと効果的です。なぜならば、目標を達成した成功者たちのシートには、達成のヒントとコツが隠されているからです。

それぞれのシートをじっくり眺めながら、あなたのシートにも応用してください。

【事例】

8球団ドラフト1位指名を目標にした大谷翔平選手のOW64

大谷選手が高校1年生のときに書いたシートを再評価してみますが、すべてが完璧なものであるかといえばそうではありません。あなたが誤解を受けるといけないので、原田メソッドに沿った評価を記しておきます。

まず、このシートが素晴らしいのは技術だけに偏らず、人間性を磨く心の目標が書かれている点です。とくに「運」という基礎思考を掲げ、挨拶、ゴミ拾い、部屋掃除という生活習慣から、審判さんへの態度、本を読むなど、運を高める目標が高校生では考えられないようなものまで落とし込まれています。

ただし、ドラフト指名の期日が決まっていますから、技術の目標などにもそれを達成するための期日まで落とし込まれていれば、さらにいい目標になったと思います。とはいえ、これほどの選手になったのは毎日欠かさず行動を継続した結果です。そのあたりは非凡な選手だということは間違いありません。

大谷選手が高校１年生のときに書いたOW64

体のケア	サプリメントをのむ	FSQ 90kg	インステップ改善	体幹強化	軸をぶらさない	角度をつける	上からボールをたたく	リストの強化
柔軟性	**体づくり**	RSQ 130kg	リリースポイントの安定	**コントロール**	不安をなくす	力まない	**キレ**	下半身主導
スタミナ	可動域	食事 夜７杯 朝３杯	下肢の強化	体を開かない	メンタルコントロールをする	ボールを前でリリース	回転数アップ	可動域
はっきりとした目標、目的をもつ	一喜一憂しない	頭は冷静に心は熱く	**体づくり**	**コントロール**	**キレ**	軸でまわる	下肢の強化	体重増加
ピンチに強い	**メンタル**	雰囲気に流されない	**メンタル**	**ドラ１ ８球団**	**スピード160km/h**	体幹強化	**スピード160km/h**	肩周りの強化
波をつくらない	勝利への執念	仲間を思いやる心	**人間性**	**運**	**変化球**	可動域	ライナーキャッチボール	ピッチングを増やす
感性	愛される人間	計画性	あいさつ	ゴミ拾い	部屋そうじ	カウントボールを増やす	フォーク完成	スライダーのキレ
思いやり	**人間性**	感謝	道具を大切に使う	**運**	審判さんへの態度	遅く落差のあるカーブ	**変化球**	左打者への決め球
礼儀	信頼される人間	継続力	プラス思考	応援される人間になる	本を読む	ストレートと同じフォームで投げる	ストライクからボールに投げるコントロール	奥行きをイメージ

【事例】

大会での優勝を目標にした中学校サッカー部顧問のOW64

女性教諭の池田先生は、北海道の中学校でサッカー部の顧問をしています。ご自身の部活動経営や部員が書く目標設定にOW64を活用しています。

競技スポーツを指導している先生やコーチは、選手の心身の健全な成長を願いつつ、「選手を勝たせたい」という思いで取り組まれています。勝つためには一生懸命練習するということはわかっていても、「何を」「どのように」「いつまでに」を具体的に考える必要があります。その手立てを、OW64を利用して構築するのです。

北海道日本ハムファイターズの大谷選手がこのシートを実践したように、チーム全員で取り組んだ場合、多くの具体的な実践思考が出ることになります。もし、実践思考の中に多くの選手が同じ内容を書いたならば、それがチームの重要課題です。チーム全員が同じ目標に向かって意識を高めることができ、選手自身が自分の具体的行動をこのシートから見つけることができます。

サッカーで「中体連優勝」を目標に書いた池田顧問のOW64

練習中は声を出し明るい雰囲気で練習する	練習中はお互いに教え合いながら高め合う	チームのルール、学校のルールを遵守する	練習日誌を毎日書いて自分を振り返る	あいさつ指導を徹底する	自分たちの荷物やジャージの整理整頓する	ドリブル練習（ドリブル74トレーニング）	キック練習	パス＆コントロール
応援は心を込めて全力でする	**チームワークとチームディシプリン**	チーム内でのいじめは許さない	選手を褒めて、自信をつけさせる	**心づくり**	学校でも家庭でもお手伝いをする	GKのスプリットステップとシュートストップ	**個人技術**	１対１の攻防
ストローク（励ます、笑顔、ハイタッチ）	清掃・奉仕活動	練習の準備と片づけは部員全員で行う	丁寧な言葉遣いと思いやりのある言動を励行させる	毎日のルーティーン行動を決めて継続させる	「ありがとうございます」「おかげさまで」感謝の言葉伝える	ヘディング練習	周りを観ながらプレーする	シュート練習
３食食べる	バランスよく、たくさん食べる	保護者に食事について協力してもらう	**チームワークとチームディシプリン**	**心づくり**	**個人技術**	走り込み・持久走	ウォーミングアップにムーブメントプレパレーションを導入しケガ予防	ラダートレーニングで敏捷性を高める
練習日誌に食べたものを記入する	**栄養指導**	ミーティングで栄養指導を行う	**栄養指導**	**選手が成長し、中体連で優勝するために**	**身体づくり**	筋力トレーニングの重要性を知る	**身体づくり**	体幹トレーニング
感謝して食べる	外部の栄養管理士による食事指導を行う	お菓子、ジュースの食べすぎ、飲みすぎをしない	**夢・目標・憧れの力**	**戦術**	**生活**	練習後のクールダウンで疲労物質を蓄積しない	逆立ち・ブリッジなど身体感覚を養う	ブラジル体操で股関節の柔軟性を高める
夢や目標を語り合うメンタルトレーニングミーティングを行う	原田式長期目的目標設定用紙を記入し、目標達成への計画を立てる	一流サッカー選手の試合を見て学び、研究する	サイドからの攻め方サイドから攻撃されたときの守り方	攻守の切り替えを速く	ディフェンスのポジショニングチャレンジ＆カバー	早寝早起き、睡眠時間を確保する	時間を管理し、時間を守る	サッカーと勉強の両立
サッカー日本代表を応援する	**夢・目標・憧れの力**	１ヶ月に１度の成果発表プレゼン	ゲームプランを立て、相手の特徴を知り、自分たちの長所を発揮する	**戦術**	コーナーキック・フリーキックの作戦	明るいあいさつと、楽しい会話に心がける	**生活**	友人関係を大切にする
１日のテーマを決め、達成したかどうかを練習日誌で分析する	大会ごとに、成果目標を掲げる	ルーティンチェック表の達成率90%を目指す	裏を狙う動き・パス	コンビネーション（くさび・飛び出し・壁パス）	システムとポジションの役割を理解する	身だしなみを大切にし、ユニホーム、ジャージ、制服の正しい着方を心がける	自主トレーニングをする	テレビ・ゲーム・スマホなどの時間を決め、厳守する

【事例】

「全国トップクラスのサッカー選手」という目標を書いた中学2年生のOW64

OW64は、実際に小学生の子どもから実践していて、これは中学2年生のサッカー部に所属する生徒が「全国トップクラスのサイドバックになる」という目標（テーマ）の達成のために書いたものです。技術では、それぞれのポジションにふさわしい目標が書かれています。また、個人の目標ながらチームのことも考えた行動目標もしっかり書かれています。もちろん、考え方を理解してもらってから書いていますが、中学生でこれだけ「無形」のものを考えているのは立派です。

また、試合をするうえでの視点も書かれています。麻布中学校のサッカー部では、部員全員がこのシートを使って各人の目標を掲げています。その効果はチームにも表れ、中学1年のときは地区大会敗戦だったのが、このシートを書いて行動したら都の大会で強豪チームに勝って、ベスト4に入るという結果を生み出しています。スポーツなどチームプレーには、間違いなく効果を発揮します。

麻布中学校、野口航さんが「全国トップクラスのサイドバック」を目標に書いたOW64

日常的にキック練習	リフティング回数を伸ばす	キックフォーム	走り込み	瞬発力	筋肉	日常的にボールを蹴る	力まない	筋肉
広い視野	**コントロール**	冷静さ	コンディション管理	**足の速さ**	走り方	良くボールを見る	**キック力**	フォーム
ていねいさ	ボール・蹴る先をよく見る	イメージトレーニング	靴の手入れ	体力	走り負けしないという執念	体の柔軟さ	メンタルの強さ	遠くを見る
イメージトレーニング	ボール・勝ちへの執念	一喜一憂しない	**コントロール**	**足の速さ**	**キック力**	体幹	判断力	キープのやり方
自分に自信を持つ	**メンタル**	チームメイトも常にライバルと見る	**メンタル**	**全国トップクラスのSB**	**キープ力**	足元の技術	**キープ力**	広い視野
ミスからの切り替え	他責ではなく自責	目標の確認	**守備力**	**運**	**チームメイトからの信用**	体重移動の仕方	取られないという心	筋トレ
体の強さ	身長を伸ばす	ジャンプ力	陰口・悪口を言わない	言葉遣い	身の回りの整理	日々の思いやり	厳しくする時はする	基礎技術
広い視野	**守備力**	足の速さ	文句を言わない	**運**	人助け・優しさ	決定力	**チームメイトからの信用**	プレー中の声出し
怖がらない	決めさせないという強い心	厳しく早いプレス	ポジティブ思考	感謝の心	他責ではなく自責	文句・ぐちを言わない	普段からのコミュニケーション	時間・規則を守る

【事例】

2016ミス・インターナショナル日本代表を達成した山形純菜さんのOW64

山形純菜さんは大学生で、前述のように、ミス・インターナショナル日本代表になる目標を達成し、その後の世界大会でも3年ぶりに50ヵ国中、トップ15に入りました。しかも、「夢」「努力」という基礎思考の中の実践思考の目標では、アナウンサーを目指すことが書かれていますが、2017年度より大手民放のアナウンサーになることが内定しています。

彼女のすごいところは、なんと言っても実践思考が明確にイメージできるという点です。それゆえに、事細かに書かれています。選抜メンバーの中では誰よりも自分自身のことを知っていたからでしょう。

大谷選手同様、明確なゴールが見えている目標設定にはOW64は最大の効果を発揮します。それは8個の基礎思考に「心・技・体・生活」というゴールに対して明確な実践思考にまで落とし込めるため、目標を行動に変えられるところです。

2016ミス・インターナショナル日本代表、山形純菜さんが書いたOW64

美しく、格好良いウォーキング	日本語はもちろん英語も	美しい姿勢を保つ	言葉遣い	ポジティブに考える	自分自身に負けない	姿勢を良くする	アナウンス技術を修得する	身体をひきしめるためトレーニングをする
私の得意な料理、掃除を極める	**技術**	人が聞きたくなるような話し方	美しい物を見て心を豊かにする	**内面**	沢山の人と接して、沢山の知識を得る	料理がもっと得意になるように沢山料理する	**努力**	英語を少しでも話せるようにする
アナウンサーのような滑舌	沢山の人と関わりをもてるようなコミュニケーション能力	日本人らしい女性らしい特技を身に付ける	人や場所ここにいれることに感謝する	悔しくてもすぐ泣かない（泣き虫脱却）	優しく強い心を持つ	学校、モデル、バイト、サークルどれも充実させる	規則正しい生活をする	沢山の物と触れ合う
日本の良さを再発見するため日本らしさを日常から探し出す	日本だけでなく世界の状況を知る	世界情勢について新聞などのメディアを使って調べる	**技術**	**内面**	**努力**	両親に輝いている姿を見せること	アナウンサーになること	管理栄養士の資格をとること
今まで興味が湧いたことないものに挑戦	**視野**	大好きな料理やスポーツなど詳しい事象をさらに極める	**視野**	**2016ミス・インターナショナル日本代表になる！**	**夢**	東京オリンピックに関わること	**夢**	世界的に有名になる
世界の美しい女性の生き方を調べる	私がどう活躍すれば、していけば良いのか深く考える	普段の固定観念にとらわれず、違う視点で物事をとらえてみる	**感謝**	**外見**	**自己分析**	地元岩手県を活性化する	沢山の国に行き、沢山の文化に触れる	マルチで活躍できる女性になる
いつも厳しくも優しく、私の成長を見守ってくれている家族	私の元気の源側で支えてくれている親友	明るくて、嫌なことも忘れさせてくれるくらい楽しい友達	身だしなみ	肌の調子	髪のケア	自分の長所を50個あげる	自分の短所を50個あげる	自分がいつ感動するのか考える
心優しく、夢に向かって向上心高いインターのファイナリストのみんな	**感謝**	ミスインターナショナルの出場を後押ししてくれたサークルメンバー	メリハリのある身体	**外見**	ほどよい筋肉	自分が何に興味を持っているのか考える	**自己分析**	自分の強みを覚える
ミスインターナショナルの伝統を築いて下さった国際文化協会の皆様	ミスとしてふさわしい女性になれるよう指導して下さった皆様	女性が輝ける場所があること自体に感謝（平和なところ）	身長が小さいので大きく見せる努力	腕が長いのをアピール	チャームポイントである目と鼻	自分を表す一文字などを考える	個性を大切にする	直観を大事にする

【事例】

キャンパスコレクション東京グランプリに選ばれた児玉凜来さんのOW64

キャンパスコレクション東京大会でグランプリに輝いた児玉凜来さんが書いたシートです。大学では外国語学部で勉強しているため、「語学力」「コミュニケーション力」「表現力」といった自分の強みを基礎思考に置いています。

児玉さんの場合、参考となるのがシートの使い方です。彼女は行動をイメージできるようにシートを毎日眺め、自分にとって優先順位の高いスキルや、忘れてはならない心の目標に星印をつけています。

こうすることにより、印をつけた部分がより意識した行動に変わり、達成力がついていきます。また、実際にシートを眺めるだけでも効果が表れます。このシートは人間の脳にとって、想像しやすい放射状になっているため、パッと見たときに、いまの自分にとって必要な目標や行動していない目標が目に飛び込んできます。

ＯＷ64は、１日１回目に触れるだけでも行動を促してくれます。

キャンパスコレクション東京グランプリの児玉凜来さんが書いたOW64

☆反復練習をする	発声をする	説得力	夢に向かう目先の目標をつくる	常に100%	☆関わる人から学ぶ	英語を話す機会をつくる	コツコツと積み重ねる	使える英語力を身につける
☆イメージトレーニング	**スピーキング力**	相手を巻き込む力	☆人と比べない	**自信**	☆自分を好きになる	☆洋画から学ぶ	**語学力**	読書
先を考えて話す	抑揚を使う	☆人の意見を聞く	☆限界をつくらない	可能性を信じる	☆苦手をつくらない	資格でスキルアップする	☆洋楽を聞く	ヒアリング力
☆妥協しない	☆努力を惜しまない	表情の豊かさ	**スピーキング力**	**自信**	**語学力**	メリハリをつける	内面からのオーラ	☆自分らしさを生かす
☆常に挑戦	**スキル**	他人の目を気にしない	**スキル**	**ミス・インターナショナル世界大会グランプリ**	**世界に通用する外見**	インナーマッスルを鍛える	**世界に通用する外見**	豊かな表情
ポージング力	ウォーキングの技術	☆他人の良い所を吸収する	**表現力**	**コミュニケーション力**	**日本女性らしさ**	☆笑顔でいる	自分を引き出すメイク	エレガントな立ち居振るまい
語彙力の豊かさ	人と関わる場所を増やす	感情を素直に出す	共感する	☆"ありがとう"の心	ジェスチャーを交えて表現する	☆穏やかさ	☆芯の強さ	日本の伝統を知る
常にアンテナをはる	**表現力**	常に楽しむ	質問する	**コミュニケーション力**	相手の考えに同調する	☆美しい日本語を使う	**日本女性らしさ**	日本の文化をほりさげる
☆プラス思考でいる	☆笑顔	内面を充実させる	☆自分から動く	相手の口調にあわせる	目線をあわせる	目配り	気配り	☆気配り

【事例】
リーダーたちが「売上アップ」を目標にした杵屋グループのOW64

外食産業チェーンの杵屋グループの関東の東地区のリーダーが集まって「売上アップ」のための目標を設定したものです。さすがリーダーらしく、基礎思考には商品からお客様、店舗、設備、人材育成まで必須事項が8個にうまくまとめられています。ビジネスでの実践思考の目標というのは、シートを見てみるとわかりますが、普段当たり前にやるべきことを落とし込んでいます。しかし、このようにシート1枚にまとめることによって、各店舗で「自分の店舗はここが強みだ」「この部分が行動できていない」など、ビジネスそのものを見直すにはとても効果的なことがわかります。

このシートは店長が自身の店舗に持ち帰って点検できるような仕組みづくりに使えるものですが、これを現場のスタッフと共有すれば、スタッフ自らの行動の変革にもつながってきます。ビジネスは目標が明確ですから、行動の落とし込みを仕組み化していくことが戦術となっていきます。

㈱グルメ杵屋（東地区）さんのリーダーが「売上アップ」を目標に書いたOW64

高単価商品の企画・提案	おかわりおすすめ	ディナー時でのドリンクの声掛け	魅力あるサンプル	リピーター	活気	品切れをなくす	マニュアル通り	味の確認
トッピングやおすすめのPOPの作成	**客単価**	プラス１の声掛け100％	回転率	**客数**	販売促進	提供時間	**商品**	季節感
サンプルの並べ替えの工夫	ホールスタッフの客席巡回を定期的に行う	テイクアウト商品のおすすめ	呼び込み	セールストーク	接客	サービス力	価格	きれいな盛り付け
サンプルケースの季節感演出	定期的にメンテナンスを行う	定期的な害虫駆除	**客単価**	**客数**	**商品**	整理整頓	ゴミが落ちていない	害虫がいない
照明が切れていないか毎朝確認	**設備**	機械類の正しい取り扱い方法の指導	**設備**	**売上アップ**	**清潔な店舗**	店舗が明るい	**清潔な店舗**	見た目
テーブル・イスのガタツキを毎日確認	フィルターの定期清掃	空調を適切に使用	**環境**	**人材**	**発注**	身だしなみ	器がきれい	サンプルがきれい
気候の予測	ディベロッパーとの良好な関係	近隣との良好な関係	リーダーシップ	募集・面接	教育（新人）	上司や近隣との連携	食器	売上の予測
社会貢献	**環境**	情報の収集（出退店）	シフト管理	**人材**	教育（既存）	品質のチェック	**発注**	パートナーの育成
イベント	ホームページ	客層の把握	定着	応援体制	面談コミュニケーション	二重チェック	備品	ユニフォーム

【事例】

「愛される歯科医院になる」という目標を掲げたステーション歯科のOW64

第3章の付せんを使ったOW64でも紹介したステーション歯科のシートです。先ほどの杵屋さんのリーダーが作成したシートとの違いは、現場のスタッフ全員でつくり上げたという点です。それゆえに、実践思考の目標には、専門用語が多く、私たちが見てもわからない部分が多くあります。しかし、現場で即行動するための目標は、逆にこれのほうがスタッフ全員の理解が得られていい場合があります。

ビジネスなどで行動目標に落とし込む場合は、実際に何をすべきなのかを具体的に書いたほうが行動するべき方針が明確になります。とくに職場でのコミュニケーションや職場環境を良くしたいときなどは、概念的な言葉ではなく、このような共通言語の行動目標のほうがスタッフも動きやすくなります。

また、これはとてもバランスのいいシートで、スタッフの「人間力の向上」なども含まれていて、個人の変革も共通の目標にしています。

ステーション歯科のスタッフが「愛される歯科医院」を目標に書いたOW64

riseを盛り上げる	駅前SB看板とチラシの整理	雨の日にカサをさしだす	「お大事に」の声かけ	笑顔であいさつ	ブルーシートに会話内容を書く	良い上下関係	ミーティング	質の高いコミュニケーション
同じモールの人と仲良くなる	**ステーション**	患者様に会ったらあいさつ	事前Tel	**コミュニケーション（接遇）**	受容と共感	お互いを認め合う	**風通しの良い職場**	1人1日3ストローク
ホームページをわかりやすくする	わかりやすい広告&道案内を出す	電話でわかりやすい説明	リコールはがき	困ったことはないか尋ねる	イベント開催	ルールを守る	にこにこごきげんに働く	名前を呼ぶ
キッズルームが明るく清潔な雰囲気	身だしなみが整っている	清潔・不潔の徹底	**ステーション**	**コミュニケーション（接遇）**	**風通しの良い職場**	情報の共有	報連相	目標に向かってみんなで進む
ユニットがきれい	**衛生面の向上**	滅菌がしっかりできている	**衛生面の向上**	**2016年12月31日までにより多くの患者様に愛される歯科になるためには**	**チーム医療**	Dr.が診療しやすいAS	**チーム医療**	時間を守る
ユニットゴミ箱にゴミが入っていない	インプラントOPE時徹底して不潔皿にさわらない	ゴミがおちていない	**わかりやすい説明**	**技術力UP**	**人間力の向上**	後輩育成（同業）	アポイントの調整	意見を出し合う
自員メンテナンスの内容・料金説明	パノラマ説明できる	SRP入る前&P病態の詳しい説明	Krに合ったリュール内容	SRPで縁下除去	Krに合った予防の選択	目標の人を作る	ファンをつくる（人間力の向上）	早寝早起き
ホワイトニングの説明の選択	**わかりやすい説明**	患者指導の向上（TBI）	ホワイトニングをKrに合ったものを選択	**技術力UP**	時間内に終わる	生活力がある	**人間力の向上**	自分を好きになる
初診コンサル	補協コンサル	ゆっくりはっきり話す	Krに合った自員メンテナンス	フィットミール、セメントアウト	バキュームテクニック	おだやか、おっとり	恋愛をする	趣味を持つ

【事例】

会社の理念・ミッションを見直した医療法人愛全会のOW64

北海道にある医療・介護を運営する法人で、その規模はおよそ2000人、愛全会グループの中間管理職の方が書かれたシートです。この法人の代表者は介護施設でもおもてなしを大事にしたいということで、これまであった法人の理念「ゴールドスタンダード」をもう一度見直してみようということで研修を行いました。つまり、職員が考えるゴールドスタンダードはということを出し合ったシートです。

経営者の視点、自分（管理職）の視点、現場の視点、利用者の視点で考えたもので、この法人が目指す「美」や「愛」といったものも目標に落とし込んでいます。また、行事なども行っており、地域に愛される姿を目指す行動目標も掲げています。

このように、経営者が法人の理念、ミッションなどを職員自身の言葉で書いてもらうことで、より理解を深めてもらい、行動ベースで活用できるツールとしても表すことができるという例です。

医療法人愛全会グループのT·Nさんが「目指すべき会社の姿」を目標に書いたOW64

感動する	楽しむ	他者を尊敬する	自分を大切にしてくれているという想いを感じて頂く	家族様との交流も積極的に	あたたかさを持って触れる	あたたかいものは、あたたかく冷たいものは冷たく提供	入居者の方からアンケートを取ってみる	口腔内の環境も意識を向ける
泣いてもいい時は泣く	**愛**	常に学ぶ	要望をできるだけ聞く	**利用者、入居者様の満足**	笑顔で応対する	食形態の定期的な見直し	**美味しい食事**	見た目にも美しく盛り付ける
野菜を食べる	笑う	許す	優しい口調で話す	清潔感のある身だしなみ	話を真剣に聞く	手作りおやつの時間をもつ	時々高級なものも提案	旬の食材を織りまぜる
伝える努力をする	一定の感情	担当に考えて発信してもらう機会を多くつくる	**愛**	**利用者、入居者様の満足**	**美味しい食事**	トイレの便座、床はいつもきれいに	洗面台の汚れ、水滴はふきとる	整理整頓
自分の行動を見せる	**質**	ほめる	**質**	**愛全会ゴールドスタンダードGS**	**清潔な環境**	季節の演出	**清潔な環境**	テーブルを食前食後ふく
良い習慣をつけていく	適正な時間外と休日をつくる	名前を呼んであいさつをする	**美**	**専門的なケアサービス**	**地域と共に**	花を飾る	寝具は都度整える	床のゴミは見逃さない
話し方	声の出し方	歩き方	ケアサービスの見直し、更新を大切に考える	目標の設定をする	研修	地域住民を招いた行事	積極的なボランティアの受け入れ、提案	地域に向けた発信
立ち方	**美**	所作	現状に満足しない	**専門的なケアサービス**	チームケア	あいさつをする	**地域と共に**	地域向けの研修
身だしなみ	表情	姿勢	向上心	情報を取り入れる	職員の育成	笑顔	オレンジリングをつける	地域の方の困った時の窓口

【事例】
「研修で学んだこと」をまとめた医療法人愛全会のOW64

これは前ページの愛全会グループの研修を受けた職員が、研修で行った内容をシートにまとめたものです。研修は全6回あり、その学んだことを1枚に30分ほどで書き上げています。忘れたこともあるので、最初にテキストを短時間で見直してもらい、学んだ要素を一気に書き出してもらいました。

このように、学んだことをインプットするときにもOW64を利用することができます。会議、セミナー、研修から、たとえば1冊の本の内容まで、インプットしたものを1枚にまとめることで、あとで見返してもその記憶を一瞬のうちによみがえらせることができます。

基本的には自分の目標達成のために、頭の中をアウトプットするシートですが、インプットするために利用もできるので、頭を整理したいときなども使える例として参考にしてみてください。

医療法人愛全会グループのN・Mさんが「研修の結果」をまとめたOW64

輝いて生きる	心づくり	心・技・体 生活のバランス	主語は私!!	社会・他者にとっての有形の目標目的	社会・他者にとっての無形の目標目的	×がついても凹まない	毎日できる	具体的
習慣化	**自立型セルフマネジメント**	未来型思考	達成期日の設定	**四観点での目標設定**	私にとっての有形の目標目的	3週間以上	**プラスの習慣**	目標に対する具体的行動
目標の先の目的	積極的	自利即利他	感謝の気持ち	リアルな言葉でポジティブな表現	私にとっての無形の目標目的	意図的に行う	私・チームにとっての行動	心をきれいにする活動（徳をつむ）
意図的に	与える	もらう	**自立型セルフマネジメント**	**四観点での目標設定**	**プラスの習慣**	外見は中身の一番外側	T・P・O +C	なりたい自分
サンドイッチ方式	**ストローク（心の栄養）**	センタリング	**ストローク（心の栄養）**	**愛全会GS研修**	**身だしなみ**	髪型	**身だしなみ**	コーディネート（個性・オシャレ）
否定は部分否定	人格否定はNG	マイナスのストロークは上手な拒否	**理想のチームビルディング**	**スピーチ**	**ウォーキング**	姿勢	具体的なイメージ	メイク
満足群を増やす	かかわり存在感の高・低	計画性	終わり良ければすべて良し	表情	声のトーン強弱	視線	壁立ち	体重（重心）移動
満足群への関わり（さらなる成長）	**理想のチームビルディング**	配慮群への関わり（分かってほしい）	口・顔のストレッチ	**スピーチ**	目線	デコルテを開く	**ウォーキング**	上からつられるイメージ
チームへの働きかけ	承認群への関わり（認めてほしい）	成長群への関わり（助けてほしい話を聞いて）	伝えたいことを明確に	呼吸を合わせる	間	手の振り方	立ち姿	膝をのばす

【事例】
学校全体の「学力向上のため」に目標を書いた小笹教諭のOW64

　小笹さんは立命館中学校の教諭で、おそらく原田が思う京都ナンバーワンの先生です。ここでは、中学校全体の学力向上のための目標をシートに落とし込んでいます。それゆえに、基礎思考は中心のテーマに即した具体的な取り組みに落とし込んでいます。

　この基礎思考は、全国の中学校でも使えば確実に学力が向上するはずです。ちなみに「評価」の中の実践思考にルーブリックというものがありますが、これは生徒が自分自身の通知表を書くというもので、生徒に自分自身の評価をアウトプットさせることによって、将来の自分のキャリア形成にとっていずれ考えなければならない過程をこの時期からやらせているものです。「Q‐U満足群」というのは、子どもの安定度調査のアセスメントで、子どもたちのクラスの状態をつくる新しいシステムです。これをもとに教師が行動プランを立てています。教育界だけでなく、企業でも活用できるシートです。

学校法人立命館中学校教諭、小笹大道さんが「学力向上のために」を目標に書いたOW64

同志作り	社内研修の充実と前向きな姿勢	授業研究会の実施（年3回以上の実施うち1回は外にも公開）	アウトプットの内容と時間確保	教材研究	プレゼン力	提出物への赤ペンストローク	到達目標の設定（具体例含む）	評価基準の設定
研究紀要の作成	**教師の研修**	校内での公開授業の充実	個に応じた対応（習熟度プリント作成など）	**教師の授業力**	シナリオ力	モデリング	**評価**	判断基準の設定
学んだことの実践（ICT、AL型授業など含む）	校外での研修に積極参加	自主研修会の設立	単元の指導計画	年間指導計画	板書のポイント化（パワーポイントも同じ）	アウトプットの判断基準の明確化（ルーブリック）	到達目標に見合ったテストの作成（ガイダンスと同時に出来上がっているのが望ましい）	（学期の最初に）到達目標・評価基準・判断基準のガイダンス
まわりの大人が勉強している	自学習できる環境作り	携帯電話の使用状況	**教師の研修**	**教師の授業力**	**評価**	他者評価・自己評価のやり方指導	話の聴き方指導	教室整備（黒板、机の整列、整理整頓など）
本人の自己決定によるサポート（塾・家庭教師など本人の意思あれば）	**環境**	友人関係	**環境**	**学力向上のために**	**態度教育**	発表時の態度指導	**態度教育**	あいさつ指導
プリントやノートの整理・整頓	学校・教師の教育力	家族の安定と教育力	**目的・目標設定**	**学級の状態**	**演習**	ノートの取り方指導	切り替え	チャイムが鳴った際の状態の確認（チャイムが鳴った際には着席、準備OK）
決めたことができているかを日誌で確認	夢を描く（キャリア教育の充実）	何のためにその職業に就きたいのか、どんな生き方をしたいのかを考える指導	学び合いの強化	Q—U満足群	指示が通る	教えあい・学びあい学習の導入	授業内での演習時間の確保	家庭での演習時間の確保
毎日やることをルーティンチェック表で確認	**目的・目標設定**	各学期の成績に対する目標設定	教室が常にきれい	**学級の状態**	授業に真面目に取り組む雰囲気	習熟度プリントの作成	**演習**	宿題の計画性（明確な指示とチェックの方法も確認）
成績優秀者の学習法の共有（モデリング）	自己分析と解決策の自己決定	定期テスト2週間前の学習計画	メリハリ	挙手・発表が多い	それぞれの良い部分を真似し合う雰囲気	補習・質問会の実施	自学の推奨と点検	確認テストの有効活用

【事例】

「学校のいじめをゼロにする」ための目標を書いた平野教頭先生のOW64

平野さんは中学校の教頭先生です。平野さんは、これまで学校で問題に対応する役割を担当してこられました。このシートではその豊富な経験の中から「学校のいじめをゼロにする」ための方法を目標設定にしています。

いじめを起こさない学級、他人を大切にする心、心をすさませない環境、先生方や子どもたちの力、保護者や地域の方々とのつながりなどについて，いじめをなくす方法が具体的に書かれています。また「大人が変わる」では、「主体変容」（自分が変わることによって他人を変える）という教育の原則が押さえられています。

原田も教師時代の20年間を生徒指導に全力を尽くしてきましたので、ここに書かれていることの重要性がよくわかります。いじめの対応に悩んでいる先生方は、ぜひ、1つひとつの項目から学んでほしいと思います。

京都府宇治田原町立維孝館中学校、平野達郎教頭が「学校のいじめをゼロにする」を目標に書いたOW64

毎日・毎時間一人一人の児童生徒の様子をしっかりと見取り、変化に気づく	アンケートやQ－U等の客観的視点で児童生徒の心をアセスメントする	学級の子ども全員を心から愛し、大切に思う	同和問題・障害者理解等人権に関わる課題を正しく学ぶ	道徳や学級の話し合いなどは、自分の課題として向き合える時間にする	人権に関わる問題のある発言や行動は絶対に見逃さずゆるさない姿勢を示す	掃除の意義を伝えるとともに、何をどのように美しくするのか基準をしっかり示す	「おはようございます」などの挨拶を大切にし、教師が率先したり、学校で取り組んだりして文化にする	1日の終わりには、教師が担当の教室や場所をきちんと整え、翌日児童生徒を迎える
班での活動や学級の活動をしっかり取り入れ、リーダーを育てる	**いじめを起こさない学級集団を作る**	年度当初に正しいことややってはならないことなどのルールや基準をはっきりさせ、こだわる	教師は、児童生徒がいつでも見守られ包み込まれていることを感じさせる姿勢を持つ	**児童生徒の人権感覚を育てる**	人権に関わって起きた課題はチャンスと捉え、教師が十分な見通しを持って児童生徒に向き合わせる	ベル着・ベル準・集合など時を守ることに価値をおいて指導する	**学校のすさみをなくす**	一番汚れているところや見えないところの掃除に特に力を入れる
学級通信や講話で、見えにくい活躍や級友の声なき声を共有する	一人一人が認められるような「一人一役」を必ず与える	理想の学級の在り方や目標を児童生徒の意見を総合して作り、学級経営の中核に据える	保育体験や助産師の話、自分の育ちの振り返りなど、命の大切さを感じる	高齢者や障害者の施設のお手伝いなど、体験的に人と支え合う大切さを学ぶ	障害がありながら活躍している人から生き方の手本となるような話を直接聞く	暴言や暴力、さげすむ言葉はぜったいに見逃さず指導する	目の前のゴミを拾ったりさりげなくみんなのものを整理したり姿にしっかり注目して取り上げる	ロッカー・机の中・教室の設備品など、あるべきものをあるべき場所にあるべきように整理する
大人自身が責任感を持ち、見て見ぬふりをしたり責任転嫁をしたりせず、自分に負けない	大人が生き方の手本となって、自分を大切にし、他人を大切にする	「損得」で動かず「善悪」で判断して動く正しい倫理観を持つ	**いじめを起こさない学級集団を作る**	**児童生徒の人権感覚を育てる**	**学校のすさみをなくす**	子どもの様子や情報をいつでもどこでも共有し合う教職員文化を作る	管理職が職員を大切にする姿勢を貫く、職員が協力・協働の姿勢を持つなど職員室に良き風土を作る	いじめが起きたり可能性があったりしたときは原則に従い最優先で動く
教育を信じてねばりにねばる	**大人が変わる**	いじめの現状やネット被害への対応など新しい情報や効果的な方策を積極的に学ぶ	**大人が変わる**	**学校のいじめをゼロにする**	**いじめを起こさない職員の風土・機能を作る**	悪い情報は小さなほころびでも生徒指導主事や管理職に伝え、組織的に動く	**いじめを起こさない職員の風土・機能を作る**	課題が大きい事象は、専門家を交えたケース会議を開き、対応を打ち出す
子どもが大人を試してくる言動には、振り回されず凛として対応する	大人が夢ある生き方をし、あこがれる存在になる	陰で良いことをするだけでなく、積極的に子どもに見せて手本となる	**地域・関係機関と連携する**	**保護者と協力する**	**いじめを起こさない児童生徒の風土・機能を作る**	学年会議は最低でも週1回開き、生徒の情報と対応を共有する	生徒指導や教育相談、人権等の研修を積極的に受け、見識と良識を高める	生徒指導上の課題やいじめアンケート結果、Q－Uの結果など児童生徒の情報を全職員が共有する
地域の行事に参加したり、ボランティアをするなど日頃から信頼と協力が得られるようにする	民政児童委員や保護司、地域関係者とつながり、情報を得たり、協力が得られるような関係を作る	児童相談所や警察、教育委員会などと日常的に連携し、必要なときに機能するようにする	保護者に、学校のいじめや人権に関わる問題への姿勢や対応を、年度当初にプリント等で示す	家庭訪問や家庭連絡を日常的に行い、保護者と信頼関係を作る	良いことも悪いことも共に味わい向き合って、共に育つ	授業や取組では、相互に学び合う文化を作り、間違えたりわからないことを大切にできるようにする	生徒会・学年代表者会などで、生徒によるいじめ撲滅の取組を展開する	ピアサポート、メンター、コーチングなどの仕組みや体験をすることで、支え合う関係作りをする
プラスの情報を積極的に流し、期待と信頼を持ってもらう	**地域・関係機関と連携する**	マイナスの情報は提供内容や方法を統一し混乱を招かないよう危機管理をする	保護者一人一人の特性・姿勢をつかみ、場合によっては厳しい対応を含め、効果的な方策をとる	**保護者と協力する**	基本的には保護者を信じ、子どもを共に育てる思いを中心に据える	係活動や掃除など、日常の活動を正しく機能させ、力関係や特別視が入り込む隙を作らない	**いじめを起こさない児童生徒の風土・機能を作る**	日誌や班ノートなど書くことで自分の心を整理したり、理解し合ったりできるようにする
マスコミに影響を受けた間違った解釈や理不尽な要求には流されない、負けない	日頃からアンテナを立て、ネットなど社会で起きている課題について情報収集し、事前準備をする	課題が起きたときには、道筋・見通しを持って、地域や関係機関と連携し効果的に解決に当たる	親としての立場や人としての感情を思いやる	学校としてやるべきこととできることを正確に伝え、理解と協力を得る	加害の保護者の開き直りなど難しい局面でも、食らいついて食らいついて子どもを守る	大きな行事を捉えて、自分達で課題を乗り越える自信と力をつける	リーダーを活躍させることで育て、正しい文化に満ちた学校を作る	休み時間や放課後に教師が教室や廊下で話し合いやすい雰囲気で子どもと一緒にいる

【事例】

自分自身の「夢」を描いた吉田さんのOW64

吉田さんは原田が教師の方に指導している「教師塾」の塾生です。彼女は現在、大阪府内で英語の教師をしています。このシートは、中心のテーマに「夢」を描いたものので、あなたがどんな人生を送りたいかというイメージを具体化できるいい例になっています。

とくにこのシートは、基礎思考に「有形・無形」「私・他者」の4観点の考え方がきれいに入っています。有形のものは「心の安寧（私）」「経済的自由（私）」「旅（私）」「フルマラソン（他者の要素が多く含まれています）」、無形のものは「すべての教育向上（他者）」「世界平和（他者）」「地球の子どもたち（他者）」「恩返し（他者）」とバランスよく、「心・技・体・生活」に沿った形で人生が彩《いろど》られています。

ここから具体的にどう行動するかまでは落とし込まれていませんが、「夢」のシートとしてはイメージしやすいものです。

元城西大学附属城西中学高等学校教諭、吉田浩子さんが「夢」を目標に書いたOW64

社会的幸せ	走る	トレーニング	雪山	家族の幸せ	ベストパートナーとの時間	時を守る	勤務校での実践	原田メソッドの紹介
信頼	**フルマラソン**	食事制限	自然	**心の安寧**	リラックスタイム	場を清める	**すべての教育向上**	7つの習慣の紹介
仲間	チャリティー	ホノルル（ハワイ）	美しいものを眺める	大切な友との時間	学び	礼を正す	よりよいものの導入	ソフトスキルファシリテーター
父の友人	原田隆史先生	両親	**フルマラソン**	**心の安寧**	**すべての教育向上**	寺社参詣	読書	情報収集
小池仁氏	**恩返し**	出逢った生徒たち	**恩返し**	**夢**	**世界平和**	復興支援	**世界平和**	緒方貞子氏
学んだことの伝授	勤務先の先生方	ニューヨークで助けてくれた根岸氏	**旅**	**経済的自由**	**地球上のこどもたち**	SMAP	マハトマ・ガンジー	マーティン・ルーサー・キング牧師
宇宙	ハワイ	ニュージーランド	絶妙なタイミングの投資	研修参加	理想の組織	キャリア支援	素敵な出逢い提供	学習支援
イタリア	**旅**	アメリカ（ニューヨーク）	目標実現の継続	**経済的自由**	起業	つなぐ	**地球上のこどもたち**	食事支援
オーストラリア（パース）	モーリシャス	カナダ（ブラントフォード）	目標実現	改善の継続	経営	募金	留学支援	環境支援

【事例】

ノーマン・ボディック氏が目指す目標を書いた英語のOW64

ノーマン・ボディック氏は、トヨタのカイゼン方式を「リーン方式」としてアメリカ全土に広めた方です。彼は「人を育てる最高の方法」という人材育成手法を研究する中で原田メソッドを知り、「私が40年探し求めていたものはこれだ」と、原田を訪ね来日されました。それから8年、原田メソッド認定講師となった彼は、アメリカ、フランス、スペイン、インド、ドイツ、オランダにも原田メソッドを伝えています。

このOW64は、彼が「世界最高の原田メソッド講師になるために」という目標で描いたものです。「心・技・体・生活」の4つの観点を網羅《もうら》する基礎思考もさることながら、彼がとくに素晴らしいのは64個の実践思考すべてに日付を入れ「期日行動（いつまでにやる）」と「ルーティン行動（毎日やる）」に分類することです。すでにいくつか日付が入っています。高い成果を出す人は、計画を立てることではなく、その後の行動力を重要視しているということがわかります。

ノーマン・ボディック氏が「世界最高の原田メソッドの講師になる」を目標に書いたOW64

Improve PowerPoint slides by 9/21	Deliver keynotes	Practice Q&E with local companies	Emails to past attendees lists	Develop website	Promote Harada Workshop Aug.12-31	Perfect the keynote address	The Harada 5 day certification course Oct.1	The 3-day course
Do videos Jan.15	**Build Skills**	Work on website	Create ann email promotional piece for workshops	**Marketing**	Promote books Sept.10	Produce webinar	**Develop Courses**	The two-day course
Improve presentation skills	Learn to use pages 8-15	Learn Japanese Jan.1	Articls newsletters once 1 week	Collect email Addresses	Get keynotes	Respect for people	Senior management presentation 9-27	Q&E certification
Study all of Harada's material daily	Read Covey and other success writers	Prepare for daily diary publication Aug.15	**Build Skills**	**Marketing**	**Develop Courses**	Exercise twice a day	Meditate twice a day	Improve my posture
Study innovation	**Study and Reserch**	Master System Oct.15	**Study and Reserch**	**To be the Best Harada Method teacher in the West**	**Health and Mind**	Set up a precise diet	**Health and Mind**	Shizeng Twice a month (1st and 15th)
Study MAP	Intefrate Q&E kaizen to Harada Sept.15	Learn Adobe software	**Community and Family**	**Spirit**	**Write**	Carefully monitor my blood pressure	Drink 6 glasses of water a day	Sake off tension
Teach at PSU Sept.27	Teach Harada to other teachers Jan.1	Work at a local charity Dec.15	Meditate twice a day	Friday with Alfred	Imagine what is possible	Story book - Start Jan.1	Write the Harada book - everyday - complete by 12/31	The training manual - complete by Oct.1
Do the dishes and keep house clean daily	**Community and Family**	Do 5s - remove books Sept.1	Stop wandering thoughts	**Spirit**	Summarize Ponlon, Kukai and Inamori	To major management media-every other week	**Write**	Write monthly newsletter 1st of month
Help Students with their resumes and interviews at class	Speak to local groups	Noriko accounting 8-14	Observe - listen - Stop daily for a few minutes	Read Spiritual works - daily	Inside when Speaking - work on this	To senior leaders two per week	Daily dialy every day	CEO newsletter Nov.1

第5章

達成力を高めるための「習慣」

「運を高める」ことは習慣化できる

ここまで「オープンウィンドウ64（ＯＷ64）」の目標の考え方から、シートの書き方までを事例なども交えながら解説してきましたが、かなり理解が深まったのではないでしょうか。

第5章では、ＯＷ64で目標設定をしていったあと、それらを行動に変えていくさまざまな習慣について解説していきます。目標を設定しても、それが絵に描いた餅《もち》では意味がありません。

そこで、より目標の達成へあなたを導く方程式のようなものを授けて、毎日の習慣化に役立ててほしいと願っております。

さて、目標を達成するためにはさまざまな要因があります。それは目には見えないものも含めて、あなたを成功に導くものです。

そうした目に見えない成功の要因として**「運」**というものが挙げられます。大谷選手のシートの基礎思考にも運とあったように、運を引き寄せる人とそうでない人が世の中には存在します。

では、運というものの正体は何なのでしょうか。

パフォーマンスを生み出す際に多くの人が「運」が欲しい、「運」が重要だと言います。よく成功した経営者が「運が良かっただけです」「たまたまツイていただけです」と表現しています。しかし、実はたまたまであったのではなく、運というものは自ら引き寄せることができるのです。

人は、パフォーマンスを上げるために、それぞれの取り組む方法、やり方、マニュアルを持っています。仮にAさん、Bさん、Cさんが同じ方法で仕事に取り組んでも結果は異なります。また、上司が部下に平等に同じマニュアルを教えても結果を出せる部下と出せない部下に分かれ、収入が何倍も違ってきます。

それはなぜかといったら、パフォーマンスとはマニュアルは同じであっても、**その人の思考に違いがある**からです。その人がどんな気持ちや心で接しているか、つまり、どんな感情で動いているかで大きく違ってくるのです。

感情というのは大きく2種類に分けることができます。

幸せと感じるか不幸せと感じるかの2つ、このどちらかです。幸せと感じる感情を選び、結果をプラスに導く思考のことを「プラス思考」「ポジティブシンキング」といい、不幸せを感じる感情を選び、結果がマイナスになってしまう思考のことを「マイナス思考」「ネガティブシンキング」といいます。

ですから、結果を出せる人というのは、いつも心のコップが上を向いており、積極的、前向き、真面目、本気、ご機嫌な人です。逆に、結果が出せない人というのは、心のコップが下を向いてふさがっており、いつもイライラしたり、過去のマイナスの感情を引きずったり、不機嫌でブスッとしている人です。

パフォーマンスは、実は物事のやり方や方法論だけではなく、どんな気持ちや感情を選択しているかに左右されます。要は運の高い人というのはプラスの感情を自分で選択し、行動している人なのです。

この原理が理解できると不思議なことに、目標達成力が高まります。

目標達成をトータルで見たときに、パフォーマンスの正しい方程式を知らない人は、結果を出せる人を見ると、なぜかわからないけれど、それを運が強い人だなと思ってしまうのです。

たとえば、大谷選手を見ていると、一打逆転の打席に回ってきて結果を出す、この試合は負けられないというときに最高のピッチングをするなど、一見運がいいように見えますが、ＯＷ64に書いてあるように常にプラス思考のトレーニングに励んでいるので、積極的なプラスの感情を選択し、最高のパフォーマンスが生まれるのです。

つまり、**運を意図的に引き寄せているる**ということなのです。

しかし、よくプラス思考を間違ってとらえている方がいます。どんなにつらいときでも「ありがとう」と言い、明るく振る舞うことがプラス思考だという考え方があります。それはそのときの、暗く、みじめで、消極的な気持ちや感情を引きずったまま、すなわちマイナスの感情を選択したまま、次の行動をしても結果が出ないということを伝えているのです。

誰だって試合に負けたら悔しいし、腹が立つし、机だって引っくり返したくなるはずです。それが人の感情というものです。

そうした感情を引きずったまま次の行動を取るのではなく、意図的にプラスの感情を選択できる人とそうでない人によって、結果が変わってくるだけなのです。

つまり、**運は偶然ではない**ということです。

常にプラスの感情を選択できる訓練をするのがプラス思考のトレーニングということです。ＯＷ64や「原田メソッド」に人間力を高める、運を高めるという目標を入れなさいというのは、実はその先の実践思考でプラス思考のトレーニングをルーティン行動に落とし込んで、感情を選択できる訓練をしなさいということなのです。訓練を重ねていくうちに、習慣になり、それが潜在意識の中に組み込まれ結果として運が高まっていく。これも意図的に目標を設定したからこそ備わる習慣なのです。

行動目標を習慣化させる3つのメソッド

ルーティン行動を習慣化させるために、「原田メソッド」ではＯＷ64とは別のシートがあります。それが**「原田式長期目的・目標設定用紙（セルフマネジメントシート）」「ルーティンチェック表」「日誌（ジャーナル）」**です。

この本ではＯＷ64を中心に解説していますので、詳しいところまでは述べませんが、「原田式長期目的・目標設定用紙」とは、「未来の目的・目標の４観点」を書き出し、ＯＷ64に書いた実践思考の目標を、より具体的な行動に落とし込むための用紙です。

実際にシートに書いてみるとわかるのですが、マス目の中に日付を入れたり、具体的な細かい行動を記入すると実践思考の部分が書ききれないという場合が生じます。そのようなときは、シートに落とし込んだルーティン行動をもう１つ別の用紙に書き込み、行動に特化していきます。

これを「ルーティンチェック表」と呼んでいます。実践思考で設定したルーティン行動が習慣になるまで、毎日意識的にできたかどうかをチェックする表です。

また「日誌」は文字通り、今日できたこと、できなかったことを振り返り、あなたの目標に対しての自己分析を行ったり、明日の行動のイメージづくりや自信を養うために書くものです。

「原田メソッド」とは、「オープンウィンドウ64」「原田式長期目的・目標設定用紙」「ルーティンチェック表」「日誌」の4つがセットになっています。これらを行うことにより、セルフマネジメント力が高まり、目標に直結している行動が習慣化され、成果を生み出す自分になれます。

ここでは、「原田式長期目的・目標設定用紙」（180、181ページ参照図）、「ルーティンチェック表」（186ページ参照図）、「日誌」（190ページ参照図）のそれぞれについて、簡単に概要を解説していきます。

◆原田式長期目的・目標設定用紙（長目）

まずは第2章で解説した「未来の目的・目標の4観点」の考え方から目的・目標を書いていきます。これは説明した通りで、「私・有形」「私・無形」「社会、他者・有形」「社会、他者・無形」の4つの観点から設定していきます。

これが世間で言われているいわゆる夢や目標を描くということです。その描いた夢や目標を具体的に行動に移し、**ゴールに自分の力でたどり着くためのイメージとプラ**

ンを１枚にまとめたものが「長期目的・目標設定用紙」で、より具体的な行動を考えるためのツールがＯＷ64であると考えてもらえればわかりやすいと思います。

さて、「未来の目的・目標の４観点」で描いた目的・目標の上に「奉仕活動」というものがありますが、これは、清掃活動や奉仕活動を毎日続けることで、社会・他者への感謝の気持ちを養い、自分の心のコップを上向きにし、プラス思考で運を意図的に高めるために設定します。

４つの観点で考えたときに、社会、他者への目標が大事であることに気づいているので、スムーズに設定できると思います。

そして、４つの観点の目標を自分のやる気と意欲が湧くようにつくる達成目標には具体的な期日や数字を入れて完成させます。

次に決めた達成目標に対して、優先順位の高い行動を設定します。それがルーティン行動と期日行動になります。そして、その下に自分の過去を振り返り、①成功・強みの分析と②失敗・弱みの分析を行います。次に未来を予測し、③成功のために予想される問題点と④解決策を考えます。

この４つの項目はすべて「心の面、技の面、体力や健康の面、生活全般」で振り返り、具体的な気づきを書き出します。

そして、そこから新たなルーティン行動と期日行動をつくり、自分の行動計画を高めていくのです。

最後に、ルーティン行動の下に**「目標達成のための支援者」「目標達成のための支援内容」**とありますが、これは前にも説明した通りで、目標を達成する人には必ず応援者がいます。ですから、事前に応援してほしい人とその応援内容まで書き込んでおくのです。

そうすれば、書いた応援者に対して常に感謝の気持ちを表したり、応援してもらえる自分になるための気づきが生まれ、具体的な行動につながっていきます。


ここに、小学生の受講生に書いてもらった「目標達成のための支援者」「目標達成のための支援内容」があります（182、183ページ参照）。子どもに書いてもらった応援者という欄はとても面白いものです。

当時小学2年生のお嬢さんが、大好きな水泳で昇級することを目標に描いたときに応援者の欄に書いたのは両親と祖父。お父さんには「昇級検定試験を見に来てほしい」、お母さんには「おいしいご飯をつくってほしい」、そして、おじいちゃんには「かわいいゴーグルを買ってほしい」と。

その結果、応援者として書かれた両親や祖父は依頼されたすべての行動を実行しました。逆に応援者として指名されたことで喜びが高まり、コミュニケーションも増え、子どものモチベーションも上がったそうです。

これは企業や学校、スポーツ選手の教育や研修の際にも同様に書いてもらいます。

企業研修ではこの用紙を上司が見ますから、そこに自分の名前が書いてあると、やはりうれしいものです。それを見ただけでその人の力になってあげたいと思うのが人間です。

人と人との関わりが高まり、職場や学校や家庭での関係の質も高まるのです。

【ルーティン行動】 ※重要度が高い順に並べる	【期日行動】 ※発生期日順に並べる	
私は、日誌を書いて行動を改善します。	11月 4日迄	12月の販売促進計画の立案
私は、営業終了後に加納さんより1日の報告を受け、その日の改善点を考え、明日の営業につなげます。	11月 5日迄	昨年の売上動向チェック
私は、F/Lコントロールをチェックし、利益upにつなげます。	11月 7日迄	DM3,000通発送
私は、従業員1人につき、ストロークを50本与えます。	11月 10日迄	企業訪問を100件行う
私は、松下通りの交差点でチラシを100枚配ります。	11月 13日迄	丸山店長へ毎週末の人員援助の依頼をする
私は、単日売上目標達成のシミュレーションを行います。	11月 14日迄	田中部長に営業状況を確認していただき、アドバイスをもらう
私は、入浴後に30分のストレッチをして、コンディションを整えます。	11月 15日迄	中間棚卸
私は、始業前にクレドを音読して心のウォーミングアップをします。	12月 1日迄	売上見込みの算出
私は、子どもと交換日誌をして、家族との関わりを増やします。	12月 3日迄	営業利益見込みの算出
私は、売上実績をチェックし、用紙の期日行動を修正します。	12月 5日迄	F/Lの見込みを算出し、森山エリアマネージャーにアドバイスをもらう

目標達成のための支援者	① 田中部長	② 森山エリアマネージャー	③ 丸山店長	④ アルバイトリーダー加納さん
目標達成のための支援内容	① 毎日、営業状況の確認をしていただく	② 毎週土曜日にF/Lコントロールのアドバイス	③ 毎週土曜日にスタッフを2名、援助してもらう	④ 毎週金曜日に正確な情報の報告

	成功・強みの分析	失敗・弱みの分析
心・メンタル	①仕事に対してリラックスしていた。 ②不安がなく落ちついていた。 ③仕事を心底楽しんでいた。	①何かにつけイライラしていた。 ②仕事に対して不安があった。 ③積み残しの仕事に対して、イヤイヤやっていた。
技・スキル	①ToDoリストを作成していた。 ②報・連・相の徹底。 ③仕事の短期・長期計画を立てていた。	①その日になってやることを考えていた。 ②事後報告ばかりになっていた。 ③先を読まずその時だけの対応をしていた。
体・健康	①3食栄養バランスの良い食事。 ②12時就寝、5時起床のリズム。 ③週3回3kmのランニング。	①外食で油ものが多かった。 ②ダラダラして、睡眠不足。 ③体を動かさずテレビばかり見ていた。
生活	①自分の部屋の整理・整頓。 ②家族との会話を大切にしていた。 ③弁当箱を自分で洗った。	①部屋を自分で片づけなかった。 ②家族との時間を意識していなかった。 ③何でも妻に頼っていた。

	予想される問題点	解決策
心・メンタル	①マイナス思考、マイナス発言が出る。 ②仕事が整理できず、不安になる。 ③ストレス、イライラ。	①クレドを手帳にはり、毎日読む。 ②書いて見える化し、整理、やるべき事を明確に。 ③呼吸法(リラクゼーション)の活用。
技・スキル	①ケアレスミスをくり返す。 ②メール対応に追われる。 ③ToDo計画を考えず、場当たり的な行動になる。	①ダブルチェックの徹底。 ②メール対応は、10時と15時のそれぞれ1時間。 ③ToDo計画はチェックリストで管理。
体・健康	①外食続きで体重増加。 ②帰宅後の過ごし方が悪く、リズムが崩れる。 ③運動不足で腰痛・肩こり悪化。	①油もの、アルコールを控え、カロリーレコーディング。 ②日誌で帰宅後の行動管理。 ③入浴後のストレッチ。
生活	①部屋の片づけをしない。 ②家族とすれ違いになる。 ③資格の勉強をあと回しにしてやらない。	①週1回、必ず自分で片づける。 ②子どもと交換日誌をする。 ③通勤電車内の有効活用(往復1時間)

原田式長期目的・目標設定用紙

記入日（やると決めた日）	平成28 年　10 月　1 日	目標達成日	平成28 年　12 月　31 日

奉仕活動	（家庭） 私は、毎日出勤前にトイレ掃除をします。 （職場） 私は、毎日始業前に玄関の掃除をします。

目的・目標の４観点（有形／無形、社会・他者／私）

有形・社会・他者

21、会社の、売上が増える。
22、会社の、利益が増える。
23、市場における当社の、シェアが拡大する。
24、当社の、顧客満足度が高まる。
25、お客様に、より良いサービスを提供できる。
26、従業員の、スキルが向上する。
27、従業員の、給料が増える。
28、西日本事業部の、評価が高くなる。
29、家族を、旅行に連れて行ける。
30、子どもの、進学資金の貯金が増える。

有形・私

1、12月の営業売上2500万円を達成する。
2、店舗の営業利益が前年を超える。
3、給料が上がる。
4、冬のボーナスが増え、エリアマネージャーに昇格する。
5、マネジメントスキルが向上する。
6、部下指導のスキルが向上する。
7、社内での評価が高まる。
8、スーツを新調する。
9、外部研修が受講できる。
10、海外で仕事をするチャンスが得られる。

無形・社会・他者

31、家族が、イキイキする。
32、両親が、安心する。
33、従業員の、やる気が高まる。
34、店舗内のムードが、明るくなる。
35、栄通り商店街に、活気が生まれる。
36、お客様が、元気になる。
37、西日本事業部に、活気が生まれる。
38、西日本事業部のメンバーに、自信が生まれる。
39、両親が、安心する。
40、山田部長が、喜ぶ。

無形・私

11、自信が高まる。
12、達成感を感じる。
13、自分の仕事に誇りを感じる。
14、前向きな気持ちで仕事に取り組むことができる。
15、自己肯定感が高くなる。
16、充実感が得られる。
17、次のステップへ挑戦する気持ちが得られる。
18、自分をサポートしてくれた方への感謝の気持ちが高まる。
19、自分の可能性を信じることができる。
20、仕事を楽しむことができる。

達成目標

1. 私は平成28年12月31日に、12月の営業売上2500万円を達成し、給料が上がり、家族がイキイキしています。1･3･31
2. 私は平成28年12月31日に、12月の営業売上2500万円を達成し、顧客満足度が高まり、会社の売上が増えています。1･24･21
3. 私は平成28年12月31日に、12月の営業売上2500万円を達成し、市場における当社のシェアが拡大し、自分の仕事に誇りを感じています。1･23･13

あなたが夢を叶えるために毎日行うルーティンを書きましょう。（良い習慣づくり）	あなたが夢を叶える日までの期間を細かく分けて日付を決めて計画を立てましょう。	日付
①私は毎日 6時におきる	1 コーチにけんていのないようを聞く	3月12日
②私は毎日 ごはんを、しっかり食べる	2 バタ足をコーチに見てもらう	3月16日
③私は毎日 帰ってきたら、手あらいうがいをする	3 水の中ではなからいきを出せるようになる	3月17日
④私は毎日 帰ってきたら、すぐしゅくだいをする	4 水の中で目をあけられるようになる	3月18日
⑤私は毎日 おふろで水の中ではなからいきを出すのと目をあけられるれんしゅうをする	5 できることできないことをコーチに聞く	3月19日
⑥私は毎日 おふろから出てきたらストレッチをする	6 もういちど、れんしゅうしたことをコーチに見てもらう	3月23日
⑦私は毎日 ママと日しをつける	7 スイミングスクールに30分前につく	3月26日

夢を叶えるために誰のストロークがほしいか名前を挙げてください。	1人目 パパ に	2人目 ママ に	3人目 おじいちゃん に
何がほしいのかストロークの内容を書いてください。	けんていを見て ほしい	おいしいごはんをつくって ほしい	かわいいゴーグルを買って ほしい

小学校２年生が母親のサポートを受けて書いた長期目的・目標

名前	一柳友結	今日の日付	３月１２日	夢を叶える日付	３月２６日

あなたの夢は何ですか？　できるだけ鮮明にイメージできるように書きましょう。

スイミングのけんていで20きゅうに合かくする⇒３月６日のスイミングけんていで20きゅうに合かくして、パパもママもよろこぶし、弟もスイミングをがんばるようになるし、コーチも「いいコーチしよう」にえらばれるから、つぎのけんていでぜったいに20きゅう合かくする。

４観点で夢を広げよう。

有形

社会／他者の有形の夢は何ですか？

・友だちがスイミングに入る。
・スイミングのコーチが「いいコーチしよう」にえらばれる。

あなたの有形の夢は何ですか？

・スイミングのけんていで合かくする。
・ゴーグルを買ってもらう。
・上のクラスに行ける
・スイミングスクールでアイスが食べられる。

社会・他者　　　　私

・パパとママがよろこぶ。
・弟もスイミングをがんばる。
・上のクラスの友だちがよろこんでくれる。

・合かくしたらうれしい。
・パパとママにほめられる。
・スイミングがもっと好きになる。

社会／他者の無形の夢は何ですか？

無形

あなたの無形の夢は何ですか？

家で毎日する奉仕活動	学校（または職場）で毎日する奉仕計画
帰ったらくつをそろえる。	ろうかのゴミを５こひろう。

◆ルーティンチェック表

ルーティンが大事なのは、行動を習慣化し、潜在意識にまで落とし込むためです。言い換えれば、意識しないでも習慣化された行動から勝手に結果を出せる自分をつくるという感じです。

潜在意識の研究は近年、脳科学の世界でしきりに研究されていて、意識の部分は脳の3％で、残り97％が潜在意識の範疇《はんちゅう》といわれています。

この潜在意識の部分をどう使うかは人類の課題でしたが、答えの1つは、習慣形成でした。心理学でいえば自動化するといいます。ハイパフォーマーはプラスの習慣を持っているということがわかっています。

では、その習慣をどうつくったらいいのかというと、通常ではある行動を21日間続けられるように取り組むと習慣化するとなっていますが、私たちの研修ではルーティン表に落とし込み、**14日間続けられるように取り組めばOK**としています。意識しないでも毎朝歯を磨くように、無意識に行動できるようにすればいいわけです。

それまでは顕在意識の段階です。ルーティンチェック表では14日間、毎日行動できたかどうか○×をつけてチェックしていきます。

表の上の家庭、職場という欄では、「原田式長期目的・目標設定用紙」に書いた奉仕活動を実行する場所や時間を具体的に決めて落とし込みます。その下の①〜⑳は優先順位の高いルーティン行動を書きます。

そして、14日後に「自動化できたと思われるルーティン」を自分で判断し用紙の下方に項目だけ移します。そして新たなルーティンや、まだルーティン化できていないものに集中的に取り組み、自動化させていきます。

こうしてすべてが自動化できればルーティンチェック表の役割は終わりです。新たな目標を設定して、同様のプロセスで進んで行ってください。

ルーティン行動を実行するときは、最初は自分で意識して行わなければなりませんが、仲間や家族と見せ合ったり、励まし合ったり、チェックし合ったりして行動すると継続しやすいでしょう。

仕事のパフォーマンスも、勉強も、スポーツも結果につながる良い習慣が、あなたのステージを上げ、運を開いていくのです。

ルーティンチェック表

ルーティン達成度	目標	90 %	結果	%

			分類 NOW:N FUTURE:F	行動	手に入れたい成果	日付	9/1	2	3	4	5	6	7	8	9	10	11	12	13	14	目標(回)	小計(回)
						曜日	月	火	水	木	金	土	日	月	火	水	木	金	土	日		
帰宅後随時	奉仕活動	家庭	F	私は毎日帰宅後、玄関の靴を揃える	私以外の家族も靴を整えてくれるようになり、玄関が常に美しい状態になることで、家族の疲れが癒される		○	○	○												10	
7:30	奉仕活動	職場	F	私は毎日7時30分に出社後、社内の窓拭きを10分間行う	例外なく続けることで、自信が高まる。3人の部下が奉仕活動を始める		×	○	○			\	\						\	\	14	
8:30		①	F	私は通勤電車ではスマホを触らず、日経新聞を読む	デジタルデトックスをすることで、活字から情報を読み解く力を身につける		○	×	○			\	\						\	\	10	
		②																				
9:00		③	F	私は毎日9時から10時までの時間帯でお客様の20本の営業電話をかける	9月30日までに、預かり資産が10%アップする		○	○	○			\	\						\	\	10	
		④																				
		⑤																				
	ルーティン（発生時間順に並べましょう）	⑥																				
		⑦																				
		⑧																				
		⑨																				
		⑩																				
		⑪																				
		⑫																				
		⑬																				
		⑭																				
		⑮																				
		⑯																				
		⑰																				
		⑱																				
24:15		⑲	N	私は毎日9時から10時までの時間帯でお客様の20本の営業電話をかける	9月30日までに、預かり資産が10%アップする		○	○	○													
		⑳																				
				日	計		20	19	22													

自動化されたルーティン
（1）挨拶は人よりも早く、元気よくする
（2）風呂上がりに資格取得の学習を20分間する
（3）弁当箱は自分で洗ってから妻にお礼を言って渡す

◆日誌（期日行動）

「原田メソッド」の日誌は、明日の理想の1日をイメージし、スケジュールを予測し記入することと、明日の活動の中で大切で優先順位の高いものを**「今日必ずやること」**に5つ書き出すことから始まります。

仕事や活動が終了したら、日誌をもとに1日を振り返ります。とくに原田式日誌は自信を高めるのに役に立ちます。「今日の良かったことや気付いたこと」の欄に、仕事や活動で良かったことを書き込むことにより「自己効力感」が高まり、1日の活動の中で「ありがとう」の言葉が返ってきた行動を書き込むことにより「自己肯定感」が高まります。自己認識法という考え方です。

また、日誌を書くとその日の出来事を反省し、ともすればマイナス思考に陥ってしまいますが、原田式の日誌はそういった部分もプラス思考で考えられるように配慮しています。

それが**「今日をもう一度やりなおせるなら（制限がないとしたら）」**という項目です。

○○をして失敗した、叱られたと後悔や懺悔《ざんげ》の反省で終わるのではなく、「もし、もう一度やり直しができるならばどうする？」と自分に質問を投げかけると、たとえば「そうか、これからプレゼンテーションのある日は、出社を1時間早めて、メンタル面の集中力を高めるようにしよう」となります。

それがあなたの今回の失敗に対しての改善行動となります。失敗や後悔を何度も頭の中で繰り返し、マイナスの感情を増幅させてはいけません。

次に「目的・目標達成に向けて、ヒントとなった言葉や出来事・成長の記録」の欄にやはりポジティブなあなたの成功につながる行動、出来事、ヒントを書くことで、これもプラス思考のトレーニングになります。

先ほど、運を高めるためには失敗や落ち込んだことがあっても、嫌な顔をせず、プラスの感情を意図して選択し、心のコップを上に向ける訓練が必要だと述べました。

実はその訓練がこの日誌でできるようになっています。

よく研修の受講生に言うのですが、「嫌なこと、マイナスなことはそのまま家に持ち帰らないほうがいいよ。会社で日誌を書くことにより、1日を文字で振り返り➡改善行動を自ら生み出し➡良かった自分にも気づき自信を高め➡プラスの感情の選択で閉めなさい」と言っています。

すると受講生たちは何が起きても自分次第と、安心して「また明日も頑張ろう」となるわけです。

日誌の持つ力は８つあると考えています。

1. タイムマネジメント能力を高める（前日に次の予定とエンドの時間を決める）
2. イメージトレーニング（明日を予測し、成功のための準備をする）
3. 仕事の選択と集中（重要な仕事を事前に選択し、エネルギーを集中させる）
4. 自己分析（1日の活動を振り返り、〇と×を分析し、気づきを得る）
5. 自信を高める（自己効力感と自己肯定感を自分で書いて高める）
6. プラス思考の習慣づくり（失敗をもし、もう一度やり直せるなら？で考える）
7. 成功の習慣づくり（結果につながる自分のパターンやルーティン行動を続ける）
8. ゴール達成のための気づきを得る（達成目標をしっかり意識し、焦点化すると新しいヒントが見えてくる）

9月15日（木）

今日の一言	新規契約を必ずいただく！成功のイメージしっかり持つ！

タイムスケジュール

時	予定	実績
5		
	起床	起床
6	朝食	朝食
	準備	準備
7	自宅→会社	自宅→会社
8	出勤・清掃活動	出勤・清掃活動
	メールチェック	メールチェック
9		
	新規事業MTG	新規事業MTG
10	↓	↓
11	商談事前準備	
		商談事前準備
12	昼食	
	本社→新宿	本社→新宿
13	田中様と面談	田中様と面談
	↓	↓
14		
	新宿→本社	
15	報告書作成	新宿→本社
16	メールチェック	報告書作成
		メールチェック
17	日報作成	日報作成
	退社	退社
18	会社→渋谷	会社→渋谷
	夕食	夕食
19	英会話学校	英会話学校
	↓	↓
20		
21	渋谷→自宅	渋谷→自宅
22	入浴	入浴
	ストレッチ	ストレッチ
23	日誌	メールチェック
	就寝	日誌
24		就寝

今日必ずやること

①	田中様のヒアリング資料を整理する。
②	商談のプレゼンの流れを確認する。
③	新規提案の第2案を準備する。
④	田中様との面談内容をまとめて、田中様にメールで確認していただく。
⑤	契約成立の成功のポイントを報告書にまとめる。

今日の良かったことや気付いたこと

＜自己効力感＞
田中様より、新規契約をいただくことができた。事前準備をしっかりしたので、相手のニーズを満たすことができた。田中様の事業の発展を予想して作成した提案内容をご理解いただいたので、嬉しかった。自分の提案が成果に結びついたことで、大きな自信を得ることができた。

＜自己肯定感＞
英会話クラスのクラスメイトの補習授業に付き合った。その中で、クラスメイトが気付いていなかったマイナスの習慣について、やんわりと伝えたら とても感謝してもらえた。

今日をもう一度やりなおせるなら（制限がないとしたら）

①新規事業MTGが長くなってしまった。
話し合う内容がまとまってないまま会議をしてしまったのが原因だ。
事前にMTG内容の資料を作成して、出席者が事前準備をして出席するようにする。

②帰りの電車で居眠りをしてしまった。
電車の中でTOEICの問題集を読むようにして、時間を有効に使う。

目的・目標に向けて、ヒントとなった言葉や出来事・成長の記録

新規事業の企画書で顧客設定について考えあぐねていたが、本棚で埃をかぶっていたドラッカーの「マネジメント」を久しぶりに読んでみると、理解していると思っていたことでも忘れてしまっていることがわかった。また数年前読んだときに書き込んだメモの中には、今とはまったく違う考え方をしているなと気づかされるものもあり、自分の成長も実感できた。顧客設定もうまくできそうだと思えた。長く読まれるものにはやはりその理由がある。

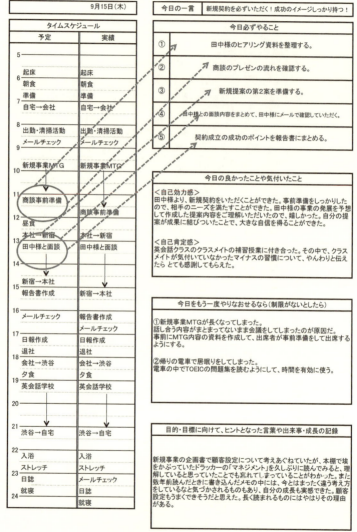

原田は、このような成功につながる考え方や、イメージの手入れと訓練は、日誌を書くことが一番簡単で効果が得られるということを、長年の指導経験の中から見つけました。

頭でわかっていてもダメです。あなたが書く文字は、あなたの思考ととらえ、一度頭の外に出し、文字として眺めると成功への道がクリアになります。

日誌を書くという行動と習慣で、運を引き寄せてください。

「心づくり」から自分の人生の軸に気づく

ＯＷ64は、あなたの目標を行動に変えるメソッドです。

そして、行動は習慣に変わり、習慣は運や人間力を高めていきます。いわば、人生の軸が備わっていくのです。

シートは何回も書き換えてかまいません。達成したい目標が次々と生まれ、中心のテーマを達成していくたびに、あなたの人生のステージは上がっていくはずです。そして、何枚も書いたシートを眺め返してほしいのです。すると自分の成長が手に取るようにわかります。シートに文字として記録が残っているからです。

また、「原田メソッド」がほかの目標達成法と一線を画しているのは、成功を追い求める過程で、その人の**「人間力」や「人格」の成長も同時に手に入れる**ことができるように仕組まれていることです。このプロセスと方法を「心づくり」と呼んでいます。

これまで私が指導してきた陸上部の子どもたちは、学校生活だけではなく、家庭生活や卒業後の生活にも学びを取り入れて成長してきました。彼らはいまでは社会人となっていますが、現在では教師、医療関係者、警察官、消防士、介護福祉士、経営者などになり、社会に貢献し、社会から必要とされる人材となって活躍を続けています。

みな自立した人間となり、「人格」を土台にして、自らの能力を発揮し、それぞれの未来を切り拓いて輝いています。成果を生み出す仕事力と、人格を高める人間力のバランスをしっかり持ち、自他にわたり幸福も手にしています。

つまるところ、達成力とはその人の持つ能力と人間力です。

人間力が未熟であると、たとえ成功したとしても、本当の幸福にはつながりません。仕事ができる、勉強ができる、スポーツができるという能力は、人格という土台とともに成長させていくのです（次ページ参照）。

人格形成の手段は「心づくり」にあります。普段の生活や仕事をしながら、同時に心も育ててください。「心づくり」には、次の５つのアプローチがあります。どれも普段から当たり前に行っていることです。

1. 心を使う……目標設定用紙、ＯＷ64で未来のイメージを鮮明に描く。
2. 心をきれいにする……清掃、奉仕活動、エコ活動、社会貢献活動をする。
3. 心を強くする……ルーティン行動を、特例を決めないで愚直に続ける。
4. 心を整理する……毎日を振り返る。未来の成功のための準備を行う。
5. 心を広くする……「ありがとう」「おかげさまです」という感謝の気持ちを持つ。

「心づくり」とは、仕事、勉強、スポーツ、芸術など、あらゆる活動を通して「心や

目標を達成するために「自立型人間」を目指す

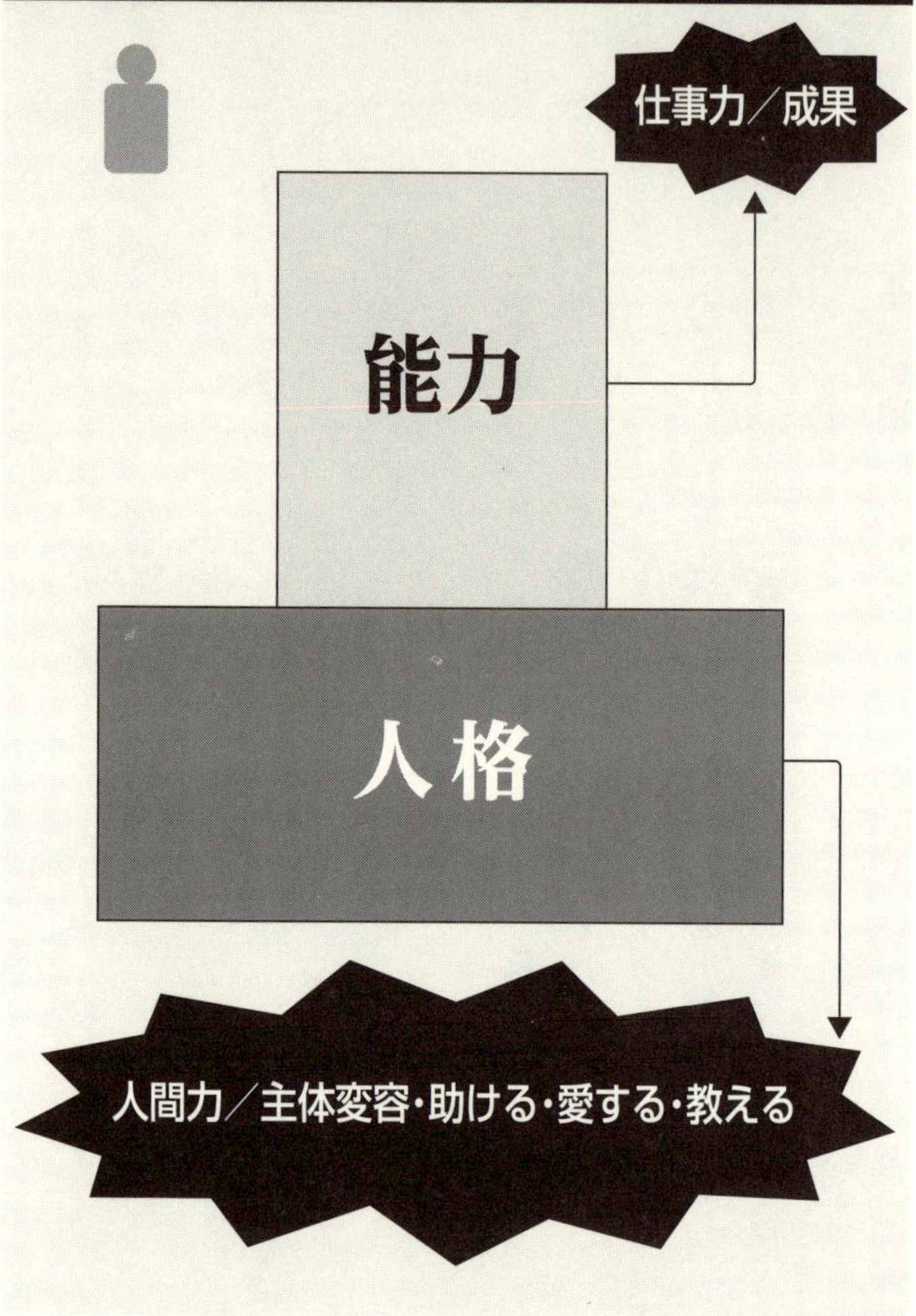

人格という人としての土台を、自ら成長させながら、自分でつくる」ことです。

そこで、あなたに最後のワークです。

あなたが思う、自立した人間とはどのような人なのか、その特徴を考えて空欄に書き出してみましょう。

目標を達成する力とは「技術」である

最後に、私たちが気づいた目標が達成できる人の達成力をまとめてみたいと思います。

これまで「原田メソッド」で、目標を達成してきた人たちを数多く見てきました。その中で、目標を達成した、いわば成功者たちは何が違うのだろうかと考え続けてきました。それがいま、私たちが指導しているこの「原田メソッド」に集約されています。

私たちが考える成功の定義、追い求める成功とは、「自分にとって価値のある目標を未来に向かって設定し、決められた期限までに成し遂げること。そして、他者や社会に貢献すること」を指しています。

仕事をノルマとしてそれに追われるのではなく、人生をマイナスにとらえるのではなく、自分の目標に価値を見いだし、積極的かつ主体的に未来と向き合い、社会貢献しながら目標達成に近づいていく。

これが、私たちが描く理想の姿です。こんな素晴らしい成功はないのではないでしょうか。

そして、私たちはこうした目標達成法を通じて、**成功は技術である**と考えています。技術は習得すれば技能となります。技能になれば自分の一生涯の持ち物となります。技能として成功の技術を一生の習慣化にさせた成功者たち、いわゆる達成力のある人には、次の５つのものが備わっています。

１．目的と目標を明確に定めている

仕事で高い成果を上げている人や高いパフォーマンスを出し続けるスポーツ選手、高い教育を実践している人などは、結果を出すことを最初に決めています。何を決めるかというと目標と目的です。そして成功のシナリオ、ストーリーを持っているのです。

また、「何のために結果を求めるのか」という強い目的意識は、目標達成に向かう過程でのモチベーションの維持や結果に対する主体者意識（すべては自分の責任である）や、周囲に対する感謝の気持ちに結びついていきます。

2．勝利意識

目標を達成する人は強い心の持ち主です。どんな困難や逆境でも乗り越える強い忍耐力や意志の力を兼ね備えています。また、目的・目標に対して「何としてもやり遂げてみせる」という強い思いがあります。このような成功や達成に対する強い思いを「勝利意識」といいます。成功者に聞いてみてください「あなたの敵は誰ですか？」と。「自分です」と言うはずです。

3．プラスの習慣を形成している

達成力を備えている人は、「いつまでに、何を、どうする」という期日を決めた行動と、成果につながるための「ルーティン行動」を自分で決めてやり遂げようと取り組みます。そして、行動を習慣化し、自らの長所へと育てています。

たとえば、「朝の時間を有効に使うために、毎朝4時に起床する」という行動を継続する人は、朝の時間を目標達成のために有効に使うと同時に「朝に強い」という長所を獲得しているのです。

4．毎日思考する

達成力のある人は「毎日、自分の目的・目標について考える」という習慣を持っています。その際に使われるツールが日誌や手帳です。彼らは日誌や手帳に自分の願いや思考、1日の振り返りを書くという行為を通じて、果てしない可能性を開いています。

5．「心・技・体・生活」のバランスが取れている

すべての成果に直結する「心・技・体・生活」の4つの要素をバランス良く高めています。また、私生活と仕事のバランスが重要視されていますが、達成力を備えている人は「ワークライフバランス」ではなく、「ワークライフハーモニー」という、4つの要素が調和したバランスのある生活を心がけています。生活と仕事を分けるのではなく、それらをリンクさせ調和させながら、ともに豊かに発展することを目指しているのです。

以上のことが定着すれば、あなたにも一流の達成力が備わります。

達成力は、短期間で手にできるものではありません。しかし、その道のりを険しいものとして考えるか、生活の中で豊かに育んでいくのかは、結局はあなた次第なのです。

あなたが目標を達成し、1つ上のステージの人間に成長されることを願っています。

おわりに

最近、大阪のリトル球団の監督から、大谷選手のシートについて興味のある話を聞きました。監督たちは口々にこう言います。

「あのシートのおかげで指導がしやすくなりました。子どもたちが何も言わなくても、挨拶をし出して、掃除し出して、スパイクもしっかり揃《そろ》えるようになりました。もう誰も素振りを1000回やりましたとかウェイトトレーニングをしましたなんてわざわざ言いに来ません。だまって挨拶、掃除、練習ですよ。生き生きしてきました。ありがとうございます」

研修の際もそうですが、このシートを受講者同士で見せ合って、そこから気づきを得るということをしています。

とくにシートに何を書いていいかわからない人は、仕事のできる人のシートを見せてもらって、参考になる部分は自分のシートに真似て書いてもらいます。すると、その人の能力も高まり、組織全体のレベルが格段にアップします。

結局、ロールモデルの実践思考から導き出された具体的な行動を見て、自分の行動に変換し、そして吸収する。この過程が自然伝達してルーティン化し、多くの人の潜在意識の中に取り込まれていったとき、世の中が大きく変わるのではないかと思います。そういうことは実際に起こっているのです。

良い行動や習慣が伝染していく。そんなツールが、たった1枚のシートから始まっているのです。

まさに「知の移植」です。

もしかしたら、人生の生きる目的というものは普段日常の中で行われている普通の活動の継続です。しかし、それがいつしかできなくなってしまったのは、自分を見失わせてしまうほどの、このせちがらい世の中が生んだ負の産物なのかもしれません。

私たちは長年、教育という世界に関わってきました。どうしたら世の中が良くなるのか、どうしたら未来の子どもたちに素晴らしい世界を残すことができるのか、そんな試行錯誤の中、もしかしたらこの「オープンウィンドウ64」のシートがその一端を担えるのではないか……。

最近ではそう感じるようになりました。

まさしく私たちの無限の夢が、この1枚のシートに込められているのです。

このシートで、あなたの目標は達成され、達成力を身につけたあなたはこれから素晴らしい人生を送ることができます。

子どもたちが何も言わなくても挨拶や掃除をし出したように、このシートには行動を変える力があります。一流の達成力を身につけるために、いや、人生の勝利者となるために、一緒に世の中を変えていければと願っております。

そして、分野は違っても、第二の大谷選手のようなスーパーヒーローがたくさん誕生することを願っております。

あなたの目標が達成した際には、ぜひ私たちにご一報いただければうれしいです。

またいつかお会いしましょう。

2017年3月

原田教育研究所　原田隆史

JAPANセルフマネジメント協会　柴山健太郎

〈著者プロフィール〉
原田隆史（はらだ・たかし）
1960 年大阪市生まれ。株式会社原田教育研究所 代表取締役社長。北海道・大阪・東京・京都教師塾 塾頭。

奈良教育大学卒業後、大阪市内の公立中学校に 20 年間勤務。保健体育指導、生活指導を受け持つ傍ら、陸上競技部の指導に注力。問題を抱える教育現場を次々と立て直し、地元大阪では「生活指導の神様」と呼ばれる。独自の育成手法「原田メソッド」で、勤務 3 校目の陸上競技部を 7 年間で 13 回日本一に導く。大阪市教員を退職後、大学専任講師を歴任。「原田メソッド」に多くの企業の経営者が注目し、武田薬品工業、ユニクロ、カネボウ化粧品、野村證券、中外製薬工業、キリンビールなどの企業研修・人材教育を歴任している。

これまでに約 350 社、7 万人以上のビジネスパーソンを指導した実績を持つ。現在も、家庭教育・学校・企業の人材育成、講演・研修活動、テレビ出演、執筆活動など幅広い分野で活躍中。

著書に『成功の教科書』（小学館）、『仕事も人生も好転させる 夢実現の習慣 64』（実業之日本社）など多数。

元埼玉県教育委員、高知市教育アドバイザー、三重県政策アドバイザー、ビジネス・ブレークスルー大学経営学部教授、一般社団法人 JAPAN セルフマネジメント協会代表理事、日本政策フロンティア・アドバイザー、日本教育推進財団アドバイザー。

◆ 原田教育研究所　http://harada-educate.jp/

柴山健太郎（しばやま・けんたろう）
1981 年東京都生まれ。一般社団法人 JAPAN セルフマネジメント協会理事、株式会社 Freewill トータルエデュケーション代表取締役、NPO 法人 FARO 代表理事、社団法人 World Dreampic 代表理事、社団法人国際まんが教育協会理事、Future Lab. 所長。
NPO 法人 FARO では、サッカーチーム・空手教室・クライミング教室・ダンス教室を仲間と立ち上げ 250 人以上の選手が通う。さらに、選手たちの文武両道の環境をつくるため、株式会社 Freewill トータルエデュケーションを設立。自立した人間へと成長する教育を軸に行い、現在 200 名以上の生徒が通う。3000 人以上の親へのインタビューから、子どもが自立するには大人の役割が大切だと気づき、一般社団法人 JAPAN セルフマネジメント協会を原田隆史とともに設立。大人たちへの研修を行う。延べ指導人数 2500 人以上。企業経営者への指導では、1 年で売上 5 億円の会社から短期間に 10 億円の売上目標を達成している。
その他、大学にて就活プログラム教授、ミス・インターナショナル日本代表への指導等、子どもから大人まで幅広い層へ、“ 達成する力 ”を指導している。現在 Future Lab. という教育機関も立ち上げ、新たな教育を展開している。

◆ ㈳JAPAN セルフマネジメント協会　http://www.japan-self.or.jp/
◆ ㈱Freewill トータルエデュケーション　http://freewill.education/
◆ Future Lab.　https://futurelab.tokyo/

〈装丁〉竹内雄二
〈DTP・図版作成〉沖浦康彦

一流の達成力

2017年 3 月19日　　初版発行
2023年 4 月28日　　9 刷発行

著　者　原田隆史　柴山健太郎
発行者　太田　宏
発行所　フォレスト出版株式会社
〒162-0824 東京都新宿区揚場町2-18　白宝ビル7F
電話　03-5229-5750（営業）
　　　03-5229-5757（編集）
URL　http://www.forestpub.co.jp
印刷・製本　萩原印刷株式会社

ISBN978-4-89451-744-8　Printed in Japan

読者限定 無料プレゼント

「未来の目的・目標の4観点」シート＆オープンウィンドウ64

PDFファイル
A4版＆B4版

最後までお読みいただきありがとうございます。
あなたの目標達成を応援します！

本書で紹介されている
「未来の目的・目標の4観点」のシートと
「オープンウィンドウ64」を何枚でも活用できるよう
PDFファイルにしました。
企業内、学校（部活）、個人等でご活用ください。

ダウンロードはこちら

http://frstp.jp/1r

※無料プレゼントはWeb上で公開するものであり、小冊子、CD、DVDなどをお送りするものではありません。

※上記無料プレゼントのご提供は予告なく終了する場合がございます。あらかじめご了承ください。